Dictionnaire de Lupinologie

Arsène Lupin dans tous ses états

Paul Gayot & Jacques Baudou

La Bibliothèque d'Abdul Alhazred No 16

Paul Gayot et Jacques Baudou sont tous deux membres du Collège de Pataphysique, membres fondateurs de l'Ouvroir de littérature policière potentielle (OULIPOPO) et lupinophiles, voire lupinologues. Ils sont les auteurs du *Dictionnaire Sherlock Holmes* paru aux Moutons électriques et de quelques anthologies consacrées au détective du 221 B Baker Street.

Les Editions de l'Œil du Sphinx

36.42 rue de la Villette

75019 Paris, France

ods@oeildusphinx.com

www.oeildusphinx

© 2016 **LES ÉDITIONS DE L'ŒIL DU SPHINX**

La Bibliothèque d'Abdul Alhazred n°16

ISSN de la collection : 1627-4474
Dépôt Légal : Septembre 2016
ISBN : 979-10-91506 -51-9
EAN : 9791091506519

Mise en pages : Sabrina Pamies

Les illustrations proviennent des collections de Jacques Baudou & Joseph Altairac. La photo de 4 ème de cover est de Philippe Marlin (le bureau d'Arsène Lupin à la maison de Maurice Leblanc à Étretat).

AVANT-PROPOS

Que le lecteur ne s'attende pas à ce que le présent ouvrage soit un « Dictionnaire Arsène Lupin ». Le gentleman-cambrioleur a déjà eu son Émile Littré avec Jacques Derouard, auteur de deux dictionnaires parus aux éditions Encrage : *Le Dictionnaire Arsène Lupin* et *Le Monde d'Arsène Lupin*. Le propos développé ci-après est différent : s'il concerne évidemment Arsène Lupin, il traite surtout de ce pourquoi celui-ci n'est au fond qu'un prétexte : la lupinologie.

La Thermosophie est la « Sagesse du lupin »[1]; la lupinologie est la science du Lupin. Elle est à Arsène Lupin ce que l'holmésologie est à Sherlock Holmes : une recherche savante et « inutile », car purement désintéressée et dégagée des contingences universitaires ou commerçantes. Mais si l'holmésologie est bien connue et accessible – notamment pour les anglophones – dans de nombreux ouvrages de synthèse[2], l'exégèse lupinienne est au contraire – et à quelques exceptions près [3] – dispersée dans des revues difficilement accessibles (*Gazette* et *Revue des études lupiniennes*), anciens numéros de *Viridis Candela*, la revue du Collège de « Pataphysique

---

1   Jacques Derouard occupe par ailleurs la chaire de Thermosophie critique et administrative du Collège de « Pataphysique.

2   Le plus connu étant le *Sherlock Holmes annotated* de W. S. Baring Gould. Il n'en existe pas d'équivalent pour Arsène Lupin si l'on excepte l'édition critique de *L'Aiguille creuse* annotée par Jacques Derouard. Encore n'est-ce qu'un point de départ pour ce qui resterait à faire.

3   *La Loi et le phénomène* de François George, *Arsène Lupin gentleman philosopheur* d'André Comte-Sponville, *Lupin supérieur inconnu* de Patrick Ferté, *Le Dernier des Dandies, Arsène Lupin* de Francine Marill Albérès (Nizet, 1979) ou *Arsène Lupin et Cie* de Dorothée Henry, sans oublier l'étude de Didier Blonde *Les Voleurs de visages* qui ne s'attache pas seulement à Lupin. Nous exceptons bien sûr les études consacrées à Maurice Leblanc.

ou d'*Enigmatika*. Et même la collection de la revue de la Société des amis d'Arsène Lupin (*L'Aiguille creuse*, devenue *L'Aiguille preuve*) n'est pas à la portée de tous les lecteurs.

Qu'on ne voie donc ici qu'un essai de recensement de ces études, réuni pour la commodité du curieux. Cette mise au point est provisoire, car la lupinologie (voire la bibliographie de Maurice Leblanc !) est en constante évolution.

Aussi avons-nous pris le parti, pour les entrées concernant les lupinologues (sans lesquels il n'y aurait pas de lupinologie !) de nous en tenir aux défunts, desquels on ne peut plus guère attendre de révélations. C'est ainsi qu'on trouvera des entrées pour Francis Lacassin, Jean-Claude Dinguirard, Jacques Bens, Kirmu ou Michel Lebrun, mais pas pour les toujours actifs François George, Hervé Lechat, Jacques Derouard et tous les autres qui ne sont pas prêts à être momifiés dans le petit mausolée que nous avons tenté d'édifier pour la gloire posthume d'Arsène Lupin.

N B L'astérisque suivant un nom signale que le personnage bénéficie d'une entrée dans le dictionnaire.

Arsène Lupin
DÉTECTIVE

AIGUILLE D'ÉTRETAT

«Nous prions de s'abstenir les correspondants charitables qui désireraient nous informer de la «vraie» signification architecturale et géographique de «l'aiguille». Nous nous en tenons, et avec raison, à la lettre de l'histoire, car il n'y a que la lettre qui soit littérature».

Alfred Jarry, *L'Aiguillage du chameau*

Quant au symbolisme de l'Aiguille, il est patent, constatait J. Haâ dans le n° 4 de la *Revue des Études Lupiniennes*, que "cet éperon rocheux qui prolonge la Porte d'Aval, érigé sous les falaises d'Étretat, ultime repaire d'Arsène Lupin et dépositaire du trésor qui atteste de la fécondité de la France est même, plus qu'un symbole sexuel, une véritable représentation figurative de l'accouplement, nécessaire à toute fécondation [...] le triangle cauchois. Tout est là. Isidore Beautrelet a pressenti la vérité. Le rocher d'Étretat pénètre de sa pointe le «triangle sacré». Et J. Haâ de rappeler encore quelques titres : *La Barre-y-va, Le Triangle d'or*...

Dans *La Loi et le phénomène*, François George note que «l'Aiguille creuse, c'est le double sexe : à la fois pénis orgueilleux, défiant l'assaut des vagues, et vagin secourable, garantissant un sûr asile à l'aventurier [...] l'Aiguille cumule la puissance phallique et la toute-puissance maternelle : incastrable et inviolable, elle garantit absolument contre les dangers qui guettent l'être sexué».

Dans le n° 10 de la *Revue des Études Lupiniennes*, René Alleau tient qu'il est "philosophiquement clair" que l'expression «Aiguille creuse d'Étretat» désigne «l'état aigu du creux de l'être» , une «conscience de néantisation existentielle largement indépendante d'une localisation normande superficielle».

L'architecture de la petite porte de la falaise d'amont a inspiré à Guy de Maupassant des comparaisons zoomorphiques avec «un éléphant énorme enfonçant sa trompe dans les flots» [4]. Pour Gil Chevalier (*Organographes* du Cymbalum Pataphysicum n° 27), l'Aiguille et l'Arche d'aval évoquent un «rhinocéros de Mœbius».

---

4   L'érudition de Pierre-Antoine Dumarquez précise que c'est dans *Une vie* (1883) et que, six ans auparavant, il avait fait part de cette ressemblance à Gustave Flaubert (Lettre du 6 novembre 1877).

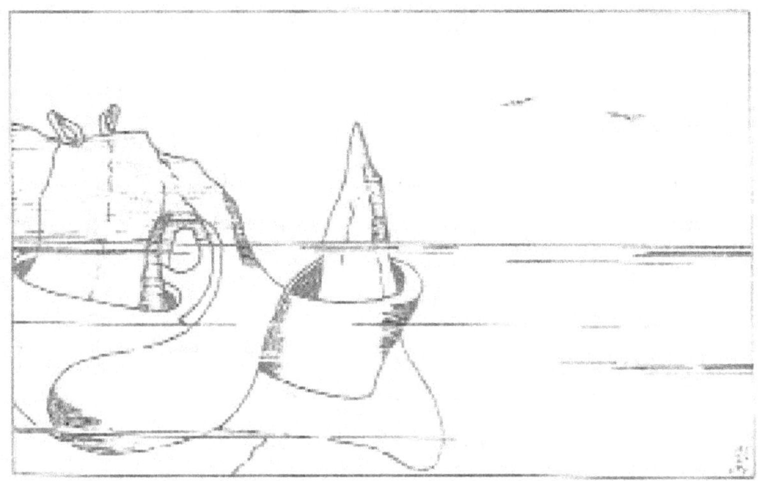

Gil Chevalier : Rhinocéros de Mœbius

Plus littéralement (ou littoralement), le regretté Kirmu*, dans le n° 4 de la *Revue des Études Lupiniennes* a fait litière de l'opinion de Valère Catogan* suivant laquelle c'est la mer qui a creusé «la série des trois arches qui gardent la baie» et «que la même action d'érosion a provoqué à l'intérieur de l'Aiguille, une immense cavité». Ce qui, note Kirmu, va contre l'affirmation de *L'Aiguille creuse* que «tout cela [Falaise, Aiguille, Porte d'aval] est puissant, solide, formidable, indestructible, contre quoi l'assaut furieux des vagues ni des tempêtes ne pouvait prévaloir. Tout cela définitif, immuable».

Kirmu adopte l'opinion des géomorphologues [5] : «La mer n'a

---

5   Jacques Bourcart, *Les Frontières de l'océan* ; Claude Prêcheur, "Le littoral de la Manche de Sainte-Adresse à Ault, étude morphologique" (*Norois*, hors-série, Poitiers, 1960).

fait que mettre à jour, en reculant la falaise, un karst jusqu'alors souterrain et résultant, lui, d'agents d'érosion purement continentaux», ce relief calcaire étant la conséquence de la dissolution chimique de la roche par les eaux pluviales. «L'Aiguille creuse, assure Kirmu, et la Manne Porte seraient ainsi les piliers de quelque Grotte des Demoiselles ou autre 'Inde blanche' que le recul de la falaise aurait, au cours des temps, fait venir au jour».

Le n° 10 des *Monitoires* du Cymbalum Pataphysicum a rappelé que c'est par abus de langage que Maurice Leblanc a parlé des lettres D et F «gravées en relief dans le granit du sol» et de «la large base de granit» sur laquelle se dresse l'Aiguille. Ici, il n'y a rien que de la craie et des rognons de silex. Pas plus que Simon Dubosc, le héros du *Formidable événement*, Maurice Leblanc n'avait été attentif aux leçons de géographie de son professeur de lycée. Il assimile toute roche dure, telle la craie compacte qui forme la base de l'Aiguille, au granit, tout comme, dans *La Barre-y-va*, il fait couler l'Aurelle dans un «défilé granitique».

Il est d'autres «aiguilles» que l'Aiguille d'Étretat. Paru en 2009 pour le centenaire de la parution de *L'Aiguille creuse*, le n° 11 de *L'Aiguille preuve* en a fait un recensement quasi exhaustif, de la toute proche Aiguille de Belval à celles, très exotiques, de la baie d'Along au Vietnam, d'Heligoland, de l'Oregon, du Nouveau-Brunswick ou du parc des Buttes-Chaumont.

ALLAIS ALPHONSE

«Avez-vous lu *Voici des ailes* de Maurice Leblanc ? Non. Eh bien, lisez-le, et vous me remercierez du tuyau», écrit Alphonse Allais dans «Un bizarre accident» (*Pour cause de fin de bail*). Le natif d'Honfleur cite encore le natif de Rouen dans ses «Notes sur la Côte d'Azur» (*Deux et deux font cinq*). Les deux hommes, relève Jacques Derouard, s'étaient rencontrés au «Chat noir».

Dans un courrier adressé à la *Revue des Études Lupiniennes*, Hercule Papy attirait l'attention sur un texte du *Sourire* (17 octobre 1903) qui présente une relation littéralement «fondamentale» avec *Le Bouchon de cristal*. Ce texte s'intitule «Autres temps, autres mœurs». Il figure à la page 341 du volume VII de l'édition du *Tout Allais* publié à «La Table ronde», mais il n'est pas reproduit dans les *Œuvres posthumes* d'Alphonse Allais publiées dans la collection «Bouquins» où, sous le même titre («Autres temps, autres mœurs») figure un autre texte publié dans *Le Journal* le 7 janvier 1904.

AMOURS D'ARSÈNE LUPIN

Sujet délicat que celui des amours d'Arsène Lupin. À tel point d'ailleurs que dans la préface à *La Cagliostro se venge*, le dernier «vrai» roman de la suite lupinienne, Lupin lui-même a jugé bon de s'en expliquer :

«Certes, je ne nie pas que j'aie le cœur fort sensible, et que le coup de foudre me guette à chaque tournant de rue. Et je ne nie pas non plus que les femmes me furent, en général, accueillantes et miséricordieuses. J'ai des souvenirs flatteurs, je fus l'objet heureux de défaillances dont tout autre que moi se prévaudrait avec quelque orgueil. Mais de là à me faire jouer un rôle de Don Juan, de Lovelace irrésistible, c'est un travestissement contre lequel je proteste. J'ai connu des rebuffades. Des rivaux méprisables me furent préférés. J'ai eu ma bonne part d'humiliation et de trahison.»

Dont acte. Mais Lupin n'en demeure pas moins un séducteur impénitent dont les amours ne durent guère. Comme le lui dit fort justement Aurélie, la demoiselle aux yeux verts : «Vous n'êtes pas homme à aimer toujours, ni même hélas ! bien longtemps.»

Ainsi Faustine Cortina ne restera que douze semaines dans la villa qui porte son nom, et Patricia Johnston se contentera de six mois – «une éternité» –, en compagnie d'Horace Velmont avant son mariage avec Henry Mac Allermy.

C'est sous l'identité de Jim Barnett que Lupin se montre sous le jour le plus don juanesque, passant des bras de Mlle Haveline, professeur de flûte à ceux de Mlle Le Goffier, sténodactylographe, effectuant un «voyage de noces» avec Olga Vaubant, l'ex-femme de Béchoux, en Italie et en Espagne, avant de rencontrer à Grenade une adorable bohémienne qui le suivra à Paris ou gagnant la reconnaissance de la princesse Olga, veuve à la «beauté ardente».

Mais si Arsène Lupin mérite bien le titre d'« Arsène le bien-aimé » que lui ont décerné Antoinette Peské et Pierre Marty, il faut convenir que sa vie amoureuse n'est pas dépourvue d'aspects tragiques ou dramatiques. Ses mariages, tout particulièrement, semblent frappés d'un destin funeste. Clarisse d'Etigues – « un frais visage de blonde rose et délicat avec des cheveux pâles » – que le vicomte Raoul d'Andresy épousa pour « reprendre confiance dans la vie », après une liaison passionnée, mais délétère avec Joséphine Balsamo, l'initiatrice, mourut en couches après cinq ans de bonheur sans savoir que Lupin n'avait pas tenu sa promesse de devenir honnête. Du moins n'eût-elle pas ainsi connaissance de l'enlèvement de leur fils Jean, deux jours après l'accouchement, vraisemblablement à l'instigation de la Cagliostro qui se vengeait ainsi d'une rivale et surtout de celui qui avait été son amant avant de la fuir.

Raymonde de Saint-Véran, qu'il épousa sous l'identité de Louis Valméras, après qu'elle l'eût blessé puis caché, fut tuée malencontreusement d'un coup de revolver par Herlock Sholmès à la toute fin de *L'Aiguille creuse*, après quelques mois seulement de bonheur conjugal.

Il faut mettre à part le mariage avec Angélique de Sarzeau-Vendôme qui n'est pas le résultat d'une histoire d'amour, mais le fruit d'un stratagème du gentleman-cambrioleur, lequel n'a pas pris la mesure du caractère passionné et mystique de cette jeune femme au visage disgracieux.

Quant à son mariage avec Florence Levasseur à la fin des *Dents du tigre*, peut-il avoir échappé au sort commun des noces lupiniennes ? Le silence de Maurice Leblanc à son sujet n'est que trop éloquent.

Le seul mariage heureux, sans doute, est celui que promet la fin du *Dernier amour d'Arsène Lupin* avec celle qui le préfère à un destin de reine : Cora de Lerne.

Mais un destin tragique n'est pas réservé aux seules épouses d'Arsène Lupin. La mort frappe aussi celles qui ont la malchance d'en tomber amoureuses. En témoigne cette tirade désespérée de *813* :

« Oui, elle m'aimait, comme d'autres m'ont aimé... d'autres à qui j'ai porté malheur aussi... Hélas ! toutes celles qui m'aiment meurent et celle-là meurt aussi, étranglée par moi. À quoi bon vivre ? Ne vaut-il pas mieux les rejoindre, toutes ces femmes qui m'ont aimé ? Et qui sont mortes de leur amour, Sonia, Raymonde, Clotilde Destange, miss Clark ?... »

Sonia, c'est Sonia Krichnoff, la jeune Russe de la pièce *Arsène Lupin*, dont un passage de *L'Aiguille creuse* nous apprend incidemment la mort horrible.

Clotilde Destange, c'est la dame blonde de *Arsène Lupin contre Herlock Sholmès*, pour la liberté de laquelle il a rendu au détective anglais le diamant bleu de la comtesse de Crozon. Nous ne savons rien de son trépas, mais on peut comprendre qu'ensuite Arsène Lupin se soit résolu à des amours passagères.

Et quand la silhouette de la grande Faucheuse ne se profile pas derrière Cupidon, les amours d'Arsène Lupin sont rarement de tout repos, rarement simples, ni couronnés de succès. Toutes les femmes aimées par Lupin ne succombent pas à son charme. Ainsi Clarisse Mergy, à qui pourtant il vient de rendre son fils Gilbert, refusera le mariage qu'il lui a proposé, même s'il ne la laisse pas indifférente. Quant à Arlette Mazolle, elle ne demande que deux mois de vacances, de voyage et d'amitié, parce que dit-elle, on n'épouse pas Arlette Mazolle.

Nombre de femmes qu'il a aimées furent ses maîtresses : Olga de Borostyrie, la princesse Alexandra Basileïef, Aurélie d'Asteux, Hortense Daniel, cette madame Ernemont qui lui a donné une fille, etc... La liste n'est pas close. Nous ne les connaissons pas toutes. Comme l'écrivent Antoinette Peské et Pierre Marty, « Lupin est un gentilhomme ».

Mais si incomplète soit-elle, elle nous démontre que, pour Arsène Lupin l'aventurier, l'amour est « la plus délicieuse, la plus troublante, la plus adorable des aventures ».

ARRESTATIONS D'ARSÈNE LUPIN

Il peut paraître paradoxal que pour débuter les aventures d'Arsène Lupin, qu'il qualifiait pourtant d'« insaisissable cambrioleur », Maurice Leblanc ait choisi de raconter l'un de ses échecs : son arrestation par Ganimard à l'arrivée du transatlantique la « Provence » à New York.

Certes, Lupin avance, dans une conversation ultérieure avec Ganimard, une excuse : au moment critique, il était sous le charme d'une aventure galante avec la belle Nelly Underdown de Chicago.

Mais les deux nouvelles suivantes atténuent aussitôt ce caractère paradoxal et gomment cet instant de faiblesse trop humaine.

De sa cellule de la Santé, Arsène Lupin n'en continue pas moins à diriger sa bande en organisant le vol des collections du baron Cahorn et s'offre le luxe d'une revanche comique sur Ganimard : « Ton devoir est de t'arrêter toi-même, comme tu m'as arrêté en Amérique. » (*Arsène Lupin en prison*)

Et, ayant déclaré qu'il n'assisterait pas à son procès, il réussira de façon tout à fait originale à, non pas s'évader, mais à se faire libérer de la Santé, en grande partie grâce aux déclarations de celui-là même qui l'a arrêté. (*L'Évasion d'Arsène Lupin*)

À cet égard, il n'est pas inutile de comparer le procédé utilisé par Lupin pour prendre la poudre d'escampette à celui, beaucoup plus macabre, auquel a recours Gurn, alias Fantômas, dans le premier tome de la saga de Pierre Souvestre et Marcel Allain. Une comparaison qui permet de mesurer toute la distance qu'il y a entre le gentleman-cambrioleur et le maître de l'épouvante.

La seconde arrestation de Lupin dans *813* le met dans une situation beaucoup plus délicate, puisqu'elle dévoile d'un seul coup les deux identités qu'il a utilisées durant les quatre années qui ont succédé aux évènements narrés dans *L'Aiguille creuse* : celle du prince Sernine, d'une part, celle de monsieur Lenormand chef de la Sûreté, ensuite qui a permis à Lupin de lutter avec une grande efficacité contre le crime. Nulle aventure amoureuse n'est la cause de cette arrestation, mais au contraire la présence d'un ennemi inconnu et redoutable qui signe L. M. et qui, après l'avoir dénoncé à la police, a déjoué le stratagème que Lupin avait imaginé pour garder l'incognito et n'a de cesse de contrecarrer les plans que celui-ci ourdit depuis sa cellule de Santé-Palace.

Cela n'empêchera nullement Lupin de retrouver sa liberté, en se servant de la Presse comme d'une alliée et en utilisant cette fois les grands moyens : l'intervention du Kaiser Guillaume en personne, fort désireux de mettre la main sur des documents diplomatiques de première importance, qui obtiendra du gouvernement français son élargissement provisoire. Avant de le laisser libre pour mener à bien une mission.

Mais cette fois, comme dans « Fantômas », Lupin aura sur la conscience l'exécution d'un innocent. Du moins aura-t-il tout tenté pour sauver Léon Massier, alias Louis de Malreich, de la guillotine...

Dans *Les Dents du tigre*, Don Luis Perenna sera arrêté et conduit au Dépôt à la suite d'une dénonciation du péruvien Cacérès, dévoilant sa véritable identité. Il négociera sa mise en liberté avec Valenglay, le président du conseil (Voir l'article « Politique »).

Dans la nouvelle « Béchoux arrête Jim Barnett », l'arrestation est toute symbolique et purement orale, et Barnett la dénoue aussitôt d'une phrase.

ASSOCIATION DES AMIS D'ARSÈNE LUPIN

C'est le 26 juin 1985 que la création d'une « Association des Amis d'Arsène Lupin » fut annoncée au *Journal officiel*. Son congrès constitutif se tint en juin 1986. L'Association comptait notamment un Président d'honneur, José Lupin, et un Président « actif », ô combien !, François George. Outre des réunions annuelles, à Étretat, à Jumièges ou à La Barre-y-va, l'Association éditait une revue, *L'Aiguille creuse*. Deux œuvres phares pour les lupinologistes furent éditées par ailleurs : *La Loi et le phénomène* de François George et *Arsène Lupin gentilhomme philosopheur* d'André Comte-Sponville.

Jean Rumain succéda en 1989 à François George, démissionnaire, comme président de l'association. Puis, après une éclipse de deux lustres, l'association connut une renaissance sous la présidence de Lydie Dabirand, journaliste au *Courrier Cauchois*, laquelle avait rédigé son mémoire de fin d'études sous la direction de François George. La revue renaquit en 2003 sous le titre *L'Aiguille preuve* ; elle se doubla d'un bulletin d'actualités : *L'Écho de France.* En 2007, Lydie Dabirand laissa la place brièvement à Vincent Pérard puis, en 2010, à Pierre-Antoine Dumarquez. Hervé Lechat succéda à celui-ci en 2014.

L'Association tient régulièrement ses assemblées générales à Étretat ; elles sont doublées de colloques sur des sujets variés, mais toujours lupiniens. Les Actes en sont publiés dans *L'Aiguille preuve* : un numéro annuel accompagné souvent d'un numéro bis. La présentation s'est faite plus « professionnelle » avec l'utilisation de la couleur et d'un très riche matériel iconographique. À *L'Écho de France* s'ajoute, sur internet, une « Veille lupinienne », un blog dédié et une page Facebook. On adhère et on s'abonne au siège : 4, boulevard du Président-René-Coty, 76790 Étretat. 39 €.

📖 Voir SOCIÉTÉ DES ÉTUDES LUPINIENNES

DES ASTRES

« Sur la terre comme au ciel »... La formule paternostrale peut s'appliquer à nombre d'épisodes de la geste lupinienne. À condition toutefois d'en exclure toute connotation religieuse. Le ciel, ici, n'est pas le lieu où siège le Père Éternel, mais le ciel des astronomes : la sphère des fixes et non l'Empyrée.

Le soleil, par sa « course », règle le retour annuel des descendants du Fermier Général d'Ernemont et révèle à Arsène Lupin la cachette des diamants dans le cadran solaire (*Le Signe de l'ombre*). Le jeu de ses reflets lui donne connaissance des méfaits du baron Repstein (*Les Jeux du soleil*) et il peut se muer en instrument du criminel, sinon du crime : dans « La Carafe d'eau » du recueil *Les Huit Coups de l'horloge,* les rayons du soleil détruisent les preuves accablant le coupable.

L'attraction luni-solaire règle l'intensité des marées et donc l'ampleur du mascaret clé des trésors de *La Barre-y-va*. Les aérolithes peuvent, eux aussi, devenir instruments de crime, comme en témoigne « Le Crime de Persée », ultime chapitre de *La Femme aux deux sourires.*

Le plus bel exemple de la régie des choses d'ici-bas par les astres se trouve, bien sûr, dans *La Comtesse de Cagliostro*. Aucun lupinien n'ignore que la réunion par des lignes de la position de sept abbayes cauchoises donne une figure représentant la constellation de la Grande Ourse et que, de celle-ci, l'étoile Alcor (acrostiche de la formule Ad Lapidem Currebat Olim Regina), « l'épreuve des yeux » pour les Arabes, indique l'emplacement exact du trésor des moines. Dans *Le Trésor du diable de Rennes-le-château*, Luc Farin Gelis a montré qu'à l'exception de Fécamp et de Jumièges, la position des autres abbayes ne correspond nullement à la projection des autres étoiles de la Grande Ourse[6].

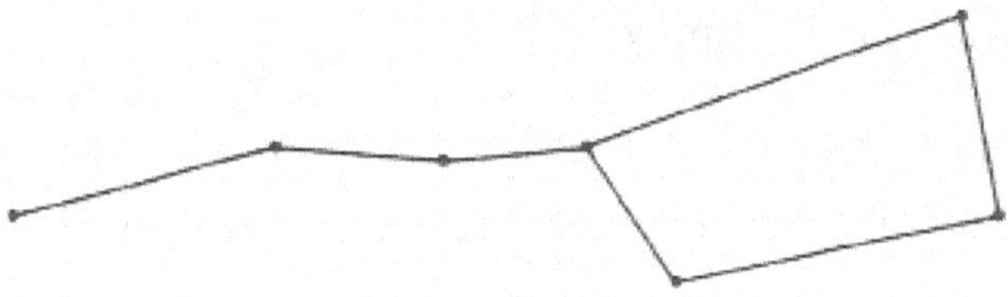

115 – La vraie représentation de la Grande Ourse.

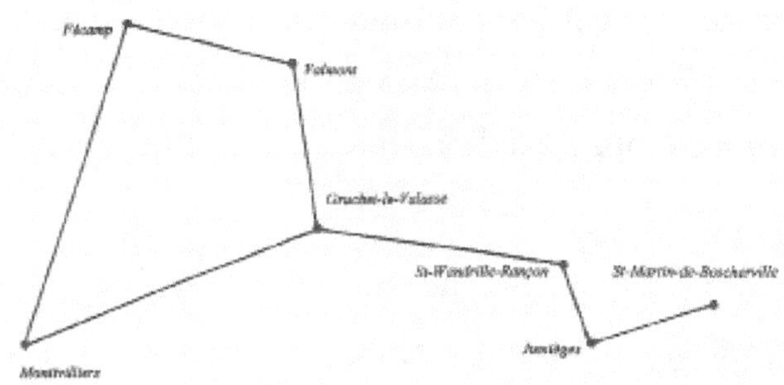

116 – La Grande Ourse (inversée) vue par le romancier Maurice Leblanc.

Il est vrai, note Raymond Declerck dans le n° 5 de *L'Aiguille preuve*, que pour pallier ces discordances, Maurice Leblanc fait préciser par Lupin qu'il s'agit du « dessin *cabalistique* de la Grande Ourse ».

Selon la même étude, le document qui aurait inspiré Maurice Leblanc est la carte des abbayes installées par Colomban sur l'empla-

---

6   Société des écrivains, 2011 (NDE).

cement d'anciens dolmens représentant la projection de la Grande Ourse sur le sol (Fécamp, Trois-Pierres, La Trinité-du-Mont, Jumièges, Saint-Wandrille, Saint-Mellier, Saint-Martin-de-Boscherville) [7].

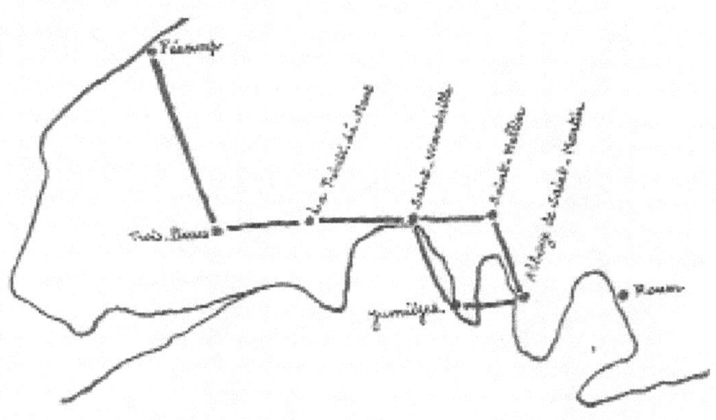

Dans *L'Aiguille preuve* n° 7 [p.75] Jean Schifrine a toutefois remarqué que, le dessin de la Grande Ourse variant au fil des millénaires, le dessin « cabalistique » de *La Comtesse de Cagliostro* s'il ne représente pas avec exactitude la constellation actuelle, la représente telle qu'elle sera dans 100 000 ans !

____

7   cf Marcel Moreau, *La Tradition celtique dans l'art roman.*

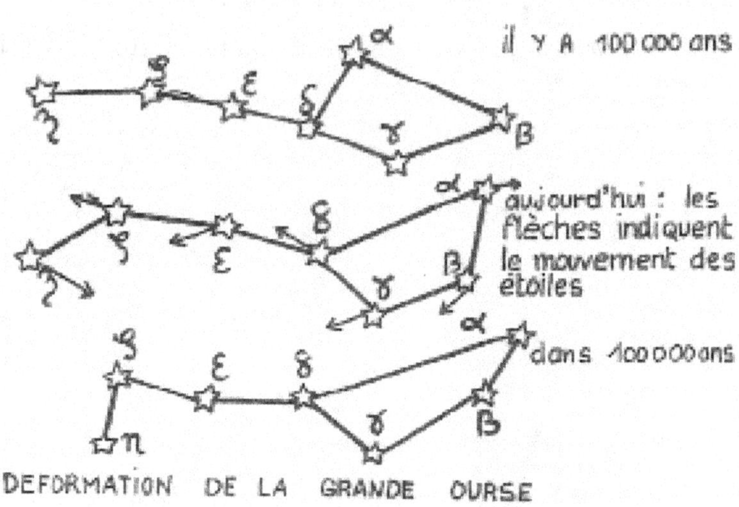

il y a 100 000 ans
aujourd'hui : les
flèches indiquent
le mouvement des
étoiles
dans 100 000 ans
DÉFORMATION DE LA GRANDE OURSE

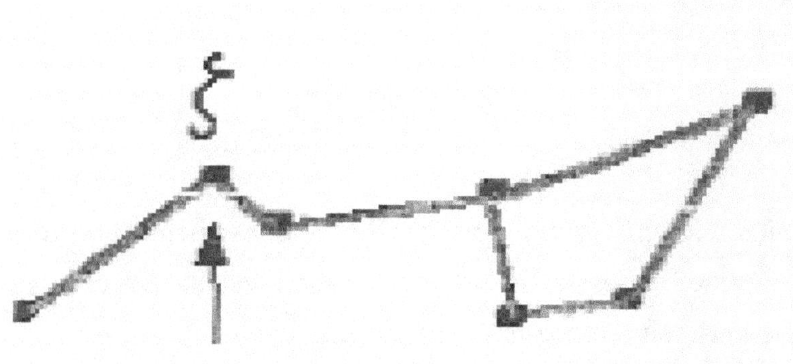

ξ

Et dans le n° 17 de la même *Aiguille preuve*, Bernard Côme a raffiné encore sur ces spéculations stellaires en rapprochant du dessin de la Grande Ourse l'emplacement des immeubles parisiens construits par L. Destanges dans *Herlock Sholmès arrive trop tard*, Alcor étant voisin du n° 8 de la rue Creveaux où habita Maurice Leblanc entre 1906 et 1911.

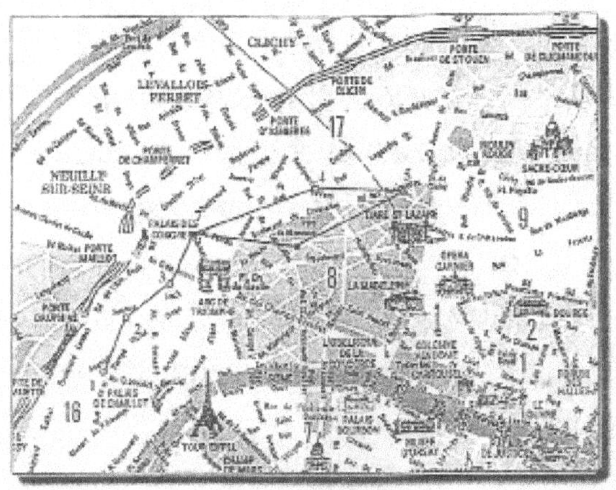

Cinq des immeubles parisiens conçus par L. Destange, complétés par les deux adresses voisines :
1 = 134, avenue Henri Martin ; 2 = 8, rue Crevaux ; 3 = 40, rue Chalgrin ;
4 = coin rue Montchanin ; 5 = 23 et 25 rue Clapeyron ;
6 = 18 rue Murillo ; 7 = Avenue des Ternes / rue Saint-Ferdinand

CAGLIOSTRO = ASTROLOGIC note Raymond Declerck. L'influence de la position des astres sur le monde d'en bas ne se limite pas à la géographie, elle commande le destin ou, au moins, la psychologie de ceux à la naissance desquels elle préside.

Ainsi, dans *La Loi et le phénomène,* François George estime qu'Arsène Lupin est « très probablement natif du signe des Gémeaux. Ne trouve-t-on pas chez lui la fantaisie de Giraudoux, l'humour de Tristan Bernard, le sens de l'hermétisme de Mallarmé, l'habileté manœuvrière de Talleyrand, le génie dialectique de Sartre, le rapport problématique à la loi de Kafka ? »

Parue dans le n° 5 de la *Revue des études lupiniennes*, l'étude très fouillée de Michel Costume intitulée « Peut-on préciser la date de naissance d'Arsène Lupin ? » aboutit à des conclusions différentes.

Tous les chronologistes s'accordent sur le fait qu'Arsène Lupin est né en 1874, comme il appert notamment de *La Comtesse de Cagliostro*. 1874 est la seconde année du cycle de Mercure dont l'influence sur Arsène, quant au choix d'une carrière, fut déterminante note M. Costume. Ce dernier remarque en outre que le cycle de Mercure s'est achevé en 1908, cédant la place à celui de Mars. Or, c'est aussi en 1908 que Lupin cesse de s'intéresser aux cambriolages pour se lancer dans des occupations nettement militaires : policier, légionnaire, conquêtes de royaumes.

Quant à la date précise, M. Costume opine que Lupin est né sous le signe du Lion [23 juillet-22 août] et, comme tel, doté d'« énergie, fougue, mais aussi [de] maîtrise de soi. Les Lions vont droit au but sans que rien les arrête, ils sont sûrs d'eux ; leur destinée est brillante, mais emplie de luttes ».

Dans le signe du Lion, M. Costume note que le troisième décan [13-22 août] correspond seul au caractère de Lupin : « ardeur, enthousiasme, combativité, tendance à l'excès, à l'exagération, à l'exubérance sur tous les plans. Vie brillante, mais qui exige beaucoup de luttes et d'efforts » et tient que le 15 août détermine des traits qui conviennent parfaitement à Lupin : « un esprit dominateur, mais ayant les qualités pour l'être et pour s'imposer ; et, d'autre part, une vie publique brillante, mais une vie privée attristée ».

Si on suit l'éclairage des astres, Arsène Lupin est donc né le 15 août 1874 [8]. M. Costume souligne le parallélisme entre le destin de Lupin et celui d'un autre natif du 15 août qu'il admirait entre tous : Napoléon* Bonaparte.

____

8   1) Entre 0 h 30 et 3 heures précise M. Costume, s'appuyant, là encore, sur les arguments tirés de Robert Dax sans sa *Psychologie zodiacale*.

AVENTURES DE LUPIN NON RACON-TÉES PAR MAURICE LEBLANC

Les holmésologues dénombrent 65 affaires auxquelles Sherlock Holmes fut confronté et que Watson n'a pas relatées, se bornant à y faire simplement allusion. De la même façon, Maurice Leblanc n'a pas publié toutes les confidences que lui fit Arsène Lupin. Il s'est souvent borné à citer au passage un certain nombre d'entre elles qu'il estimait trop connues de ses contemporains. Nous en dressons une liste, dans l'espoir qu'elle incitera quelque chercheur à en retrouver trace dans la presse de l'époque ou que l'énoncé de telle ou telle inspirera quelque auteur d'apocryphes.

1) L'affaire de l'incendie du Bazar de la Charité en mai 1897 où Lupin sauva tant de gens et les dévalisa (*L'Évasion d'Arsène Lupin*).

2 à 9) Le vol du Crédit lyonnais, le vol de la rue de Babylone, l'émission des faux billets de banque, l'affaire des polices d'assurance, les cambriolages des châteaux d'Armesnil, de Gouret, d'Imblevain, des Groseilliers (*L'Évasion d'Arsène Lupin*).

10) L'affaire où Arsène Lupin s'introduisit chez le baron Schormann et renonça à voler les meubles qui n'étaient pas authentiques (*L'Arrestation d'Arsène Lupin*).

11 à 13) Les cambriolages de Montigny, de Gruchet, de Crasville (*Herlock Sholmès arrive trop tard*).

14 à 16) Un cambriolage à Londres, un autre à Lausanne, une

substitution d'enfants à Marseille (sans compter l'affaire du sauvetage de la jeune Jeanne Darcieux, contée dans *La Mort qui rôde*) empêchent Lupin de s'occuper lui-même de l'affaire de *L'Écharpe de soie rouge*.

17) Au début de 1905, Lupin entreprend en Arménie « une lutte effroyable contre le Sultan rouge, lutte qui se termina par l'effondrement du despote » (*Le Signe de l'ombre*).

18) Le cambriolage de la banque Daray ; Lupin redistribua l'argent dérobé aux clients que le banquier avait spoliés (*Arsène Lupin* I, 3).

19 à 21) Le vol des bijoux de l'ambassadrice d'Angleterre, le vol du Ministère des Finances, le vol chez le préfet de police Lépine (*Arsène Lupin* III, 5).

22) La mort horrible de Sonia Krichnoff (*L'Aiguille creuse*).

23 à 28) L'affaire des trois Espagnols de Biskra, l'affaire Denizou, l'affaire du Crédit Lyonnais, l'attaque du rapide d'Orléans, l'assassinat du baron Dorf, l'incendie criminel du Louvre, résolus par Lupin sous l'identité de Lenormand, le chef de la Sûreté.

29) Le sauvetage par Sernine de la vie du tsar menacé par un complot terroriste et pour lequel Sernine reçut en récompense un chien nommé Sébastopol. (*813*)

30 et 31) L'affaire du bandit de Biarritz qui avait tué sa femme et l'avait mangée, l'affaire de la jeune fille (sic) de Bruxelles qui avait égorgé ses cinq enfants (Lupin entraîne Béchoux pour résoudre ces deux affaires à la fin de *La Barre-y-va*.)

En sus de ces épisodes qu'il n'a pas rapportés, Maurice Leblanc se montre parfois très elliptique quant aux voyages d'Arsène Lupin, à l'exception des épisodes bien connus où le gentleman-cambrioleur est aux États-Unis, en Allemagne ou en Italie. Outre le séjour en Arménie pour combattre le Sultan rouge (cf. ci-dessus), Lupin se déplaça aux quatre coins du monde, en admettant que celui-ci ait des coins.

Arsène Lupin est d'ailleurs censé avoir fait le tour du monde en canot automobile (*La Demeure mystérieuse*) puis une seconde fois suivant l'itinéraire Paris — Montevidéo (où est soigné le duc de Charmerace) — Saïgon (où Lupin fait la connaissance de Lenormand) — l'Arménie (où il lutte contre le Sultan rouge) avec retour par Marseille (à la fin de 1904 ou au début de 1905).

Arsène Lupin est-il allé jusqu'au pôle Sud comme il est dit dans la pièce *Arsène Lupin ?* Avec celui-ci, il faut toujours faire la part de l'affabulation qui pouvait parfois abuser son chroniqueur Maurice Leblanc.

Avant son épopée berbère, Lupin, ou plutôt Raoul d'Andrésy, avait voyagé six semaines dans l'extrême sud de l'Algérie d'où il était revenu par la Sicile.

Tel Sherlock Holmes durant la période du « Grand Hiatus », Arsène Lupin subit le tropisme du Tibet. Raoul de Limésy est réputé avoir exploré ce pays (*La Demoiselle aux yeux verts*). Il y fut l'invité de Georges Chandon-Géraud (*Le Retour d'Arsène Lupin*). À Bombay et Calcutta, il rencontra Germaine d'Avremesnil et Sonia Krichnoff et les arracha prétendument aux griffes d'une secte (ibid).

Ganimard, en septembre 1907 avait suivi la piste d'Arsène et de Sonia aux Indes : fausse piste ! (*Édith au cou de cygne*).

Dans un registre plus léger, on peut aussi noter le voyage avec Olga Vaubant en Espagne. Barnett y bifurqua vers Grenade en compagnie d'une « adorable bohémienne » (*Béchoux arrête Jim Barnett*).

BALTHAZAR

Dans le n° 8 d'Énigmatika (sd), Henri Bordillon a traité d'« Arsène Lupin trahi par le professeur Balthazar ». Publiée en 1924, juste après *La Comtesse de Cagliostro*, cette aventure, selon Henri Bordillon, est un « anti-Lupin », d'ailleurs le « prière d'insérer » du roman précise que « le père d'Arsène Lupin [y] a tenté la parodie du genre où il excelle ». Sans plus chercher la fameuse « suspension de l'incrédulité », Maurice Leblanc a sciemment usé de toutes les ficelles du feuilleton, démesurément grossies, rendues ridicules à force d'être mises en évidence. Au détour du roman, son « héros », Balthazar, confie d'ailleurs : « J'ai l'impression de vivre la parodie d'un roman d'aventures, que le romancier s'amuse à pousser à l'excès tout en s'efforçant de rester dans le réel ».

Anti-Lupin, Balthazar l'est aussi par l'apparence. En contraste avec l'élégant gentleman-cambrioleur, il est « d'aspect chétif, les genoux et les coudes pointus. Son menton et ses joues s'ornaient d'une toison molle et soyeuse comme des cheveux tandis que son crâne portait une végétation courte et drue comme les poils d'une barbe clairsemée. La vêture est à l'avenant », avec son « unique gant jaune beurre caché dans son chapeau haut de forme, lui-même caché sous les pans d'une redingote noire dont les mites n'avaient pas dédaigné le drap luisant ».

Mais Lupin lui-même apparaît à l'occasion d'une façon tout aussi « miteuse ». Ainsi Lenormand, dans *813*, « dos voûté, peau sèche et comme jaunie à la cire, sa barbe et ses cheveux grisonnants, toute son apparence brisée, hésitante, maladive », vêtu d'une « vieille redingote célèbre par sa coupe surannée et par sa couleur olive [9] ». Ou

---

9   Dans *La Femme aux deux sourires*, « l'Arabe », personnage louche est « vêtu d'un pardessus olivâtre trop long et rapiécé ».

encore comme « Hercule Petit-Gris » (*Le Pardessus d'Arsène Lupin*), publié la même année (1924) que *Balthazar* dans *Les Œuvres Libres* [10]. Dans cette nouvelle tournant, comme plus tard *Le Valet de gloire* de Joseph Jolinon, autour de l'identité du soldat inconnu inhumé sous l'Arc-de-triomphe, Lupin apparaît sous les traits d'« un être malingre et pitoyable », à la figure triste, dont « les bras descendaient avec lassitude le long d'un pardessus verdâtre qui semblait ne pas lui tenir aux épaules ».

Au début des « Gouttes qui tombent », premier récit de *L'Agence Barnett*, Jim Barnett apparaît chez la baronne Assermann « vêtu d'une redingote noire, ou plutôt verdâtre, dont l'étoffe luisait comme la soie d'un parapluie » avant de réapparaître à la fin de la nouvelle sous son apparence « Lupin » : cravate à la mode, veston de bonne coupe remplaçant la redingote luisante.

L'apparence, comme le soutenait Épicure, est pleinement suffisante. Il n'est qu'apparences et Lupin n'est Lupin que parce qu'on ne le saisit que par ses apparences multiples : insaisissable car obvie. L'habit, pardessus ou redingote, fait bien le moine, comme la tunique rapiécée et déchirée fait le druide dans *L'Île aux trente cercueils*.

BALZAC HONORÉ DE

Maurice Leblanc fut un lecteur attentif de « La Comédie humaine ». *Le Signe de l'ombre* et *Le Triangle d'or* font un sort à la rue Raynouard, « vieille rue paisible où Franklin et Balzac vécurent », tout comme Georgette Leblanc et Maurice Mæterlinck. Dans *L'Auto* du 2 août 1903, au moment où le journal lançait le premier Tour de France, Maurice Leblanc publia « L'Itinéraire Balzac », un texte où il vante le tourisme en forme de pèlerinage littéraire [11] : la visite du Pays de Caux sur les traces de Maupassant, du Cotentin sur celles de Barbey d'Aurevilly, les visites du Berry de George Sand, du Chartres de *La Cathédrale*, du Versailles d'Henri de Régnier. Il y dresse surtout un « itinéraire Balzac » allant de Paris à Paris via Douai, Le Havre, Bayeux, Fougères, Alençon, Guérande, Saumur, Issoudun, Limoges, Angoulême, Bordeaux, Grenoble, Besançon et Sancerre, itinéraire permettant de visiter les lieux où se déroule « La Comédie humaine ».

L'influence de Balzac est également présente dans le « canon » lupinien. Dans une lettre adressée à la *Revue des Études Lupiniennes* en son ultime numéro, Jean Ferry associait « le nom de Lupin à celui de Bibi Lupin, l'ancien forçat devenu chef de la Sûreté que combat et finira par remplacer à son poste Jacques Collin, dit Trompe-la-Mort, dit Vautrin, dit Carlos Herrera dans *Splendeurs et misères des courtisanes* », soulignant que Balzac, avec Bibi Lupin avait pu donner « à Leblanc un nom pour Arsène et à Leroux un prénom pour Chéri ».

---

11   Genre de tourisme qu'on pratique maintenant sur les traces d'Arsène Lupin. Cf *Promenades en Normandie avec Maurice Leblanc et Arsène Lupin* de Gérard Pouchain (Éd. Corlet, 1991) ou *Dans les pas de Maurice Leblanc (Promenades littéraires avec Arsène Lupin)* de Jacques Derouard (Éd. OREP, 2010).

Dans *L'Année balzacienne* de 1966, Rose Fortassier est revenue sur cette filiation « De Bibi Lupin à Arsène Lupin », soulignant le parallèle qu'on peut établir entre *813* et *Splendeurs et misères des courtisanes*. La relation Lupin — Gérard Beaupré est le symétrique de celle entre Carlos Herrera et Lucien Rubempré. La tante Jacqueline Collin évoque Victoire, la nourrice de Lupin. L'empoisonnement du lévrier d'Esther de Gobseck annonce l'empoisonnement du chien du baron Altenheim au chapitre VII de *813*. Jusqu'à la description de la Santé qui s'inspire de celle de la Conciergerie. Le même article file un autre parallèle entre *Splendeurs et misères des courtisanes* et *Le Mariage d'Arsène Lupin*, Clotilde Frederique de Grandlieu étant la symétrique d'Angélique de Sarzeau-Vendôme.

Dans le n° 12 de *L'Aiguille preuve*, Hervé Lechat a exhumé un article du *Pêle-mêle* du 26 février 1926 où est expliqué « Comment naquit Arsène Lupin ». Ce serait René Morot, ami proche de Maurice Leblanc qui, avant Pierre Laffite, lui aurait conseillé de créer un type de voleur sympathique en lui rappelant l'exemple de Vidocq, lequel avait dérobé la montre du préfet de police par pure plaisanterie. « Quelques jours après, le personnage qui devait faire sa réputation mondiale avait commencé de naître en son cerveau merveilleusement imaginatif : ce fut l'étourdissant Arsène Lupin », conclut l'article.

Arsène Lupin lui-même s'avère lecteur de Balzac. Dans *Les Dents du tigre*, rappelle Jacques Derouard, il cite à Valanglay la nouvelle de Balzac *Une passion dans le désert* et lui dit que les femmes sont un peu comme la tigresse de Balzac, des êtres qu'il n'est pas impossible d'apprivoiser.

Au chapitre « Santé-Palace » du très balzacien *813*, il s'exclame « Ô gloire, soleil des vivants ! », ce qui est retourner une phrase de Balzac dans *À la recherche de l'absolu* : « Ô gloire, soleil des morts ! ». En ce retournement Lupin se révèle d'ailleurs aussi bien disciple d'Isidore Ducasse dans ses *Poésies*.

BANDE DESSINÉE

Arsène Lupin a fait son apparition en bande dessinée dans le Journal *France-Soir* en 1948-49 sous la forme d'un *comic-strip* quotidien avec un paragraphe de texte sous chaque image. L'adaptation était de Georges Cheylard et le dessin de Georges Bourdin, un collaborateur des illustrés *Pierrot, Lisette* et *Guignol*. Ils mirent ainsi en images plusieurs œuvres de Maurice Leblanc : *Arsène Lupin gentleman-cambrioleur, Arsène Lupin contre Herlock Sholmès, L'Aiguille creuse, 813*.

« Prifo éditions », une petite maison d'édition qui s'était lancée dans la réédition des « grands succès de la bande dessinée » parus dans les quotidiens : Le *Vidocq* de Georges Cheylard et Galland, *Les Mystères de Paris* de Cazanave, *Les Pardaillan* de Bressy, *L'Armurier de Milan* de Liquois d'après Ponson du Terrail, a publié en 1977 en deux volumes leur adaptation de *813*. Le troisième tome annoncé ne semble pas avoir paru.

Le relais fut pris par *Le Parisien libéré* en 1956-58 avec 575 *strips* quotidiens dûs au dessinateur Jacques Blondeau. Ce dernier adapta cinq nouvelles sous le titre *Arsène Lupin gentleman-cambrioleur,* mais l'une d'elles provenait des *Confidences d'Arsène Lu-*

pin, *L'Aiguille creuse* et *813*. Les *strips* de Jacques Blondeau (qui adapta aussi Simenon pour *Samedi soir* et *Le Parisien libéré*) furent distribuées par l'agence *Opéra Mundi* dans plusieurs quotidiens régionaux.

En 1983, c'est une certaine Joëlle Gilles qui adapta, dessina *Arsène Lupin contre Herlock Sholmès : la dame blonde* et édita cet album noir et blanc avec des décors de B. Cado. L'album en question s'ornait de portraits de Lupin dessinés par Yves Got, Mœbius et Gal. La quatrième de couverture annonçait à paraître prochainement un album *La Demoiselle aux yeux verts* qui n'a pas vu le jour.

Enfin, c'est l'auteur de romans policiers André-Paul Duchateau, par ailleurs grand scénariste de BD, qui adapta six romans de Maurice Leblanc pour la collection « BD détectives » de l'éditeur Claude Lefrancq : *Le Bouchon de cristal* en 1989, *813* en deux tomes en 1990-91, *La Demoiselle aux yeux verts* (1992). Le dessinateur en était Jacques Geron. Lupin voisinait dans la collection avec Rouletabille, Fantômas, Sherlock Holmes, Nero Wolfe et M. Wens.

L'éditeur Claude Lefrancq ayant conclu un accord avec « Le Masque » pour publier les adaptations de romans d'Agatha Christie par François Rivière, la collection fut rééditée et changea de présentation avec un bandeau frappé du célèbre masque à la plume : « Le Masque présente ». Deux nouveaux titres vinrent s'ajouter aux Lupins précédents : *L'Aiguille creuse* en 1994 et *Victor de la brigade mondaine* (dessiné par Erwin Drèze) en 1998.

Les six titres seront ensuite réédités aux éditions « Soleil » au début des années 2000.

Le magazine *Je Bouquine* des éditions « Bayard » a consacré par deux fois son dossier littéraire à Maurice Leblanc avec des débuts d'adaptations en BD (*Le Bouchon de cristal* au n° 65, *La Comtesse de Cagliostro* au n° 248), et a publié une adaptation de la nouvelle *La Perle noire* au n° 151.

Enfin, il convient de signaler que Lupin est l'un des membres des « Hommes mystérieux », avec Robur le conquérant, Fantômas, le Nyctalope de Jean de la Hire et Monsieur Zenith [12] dans *The League of Extraordinary Gentlemen : Black Dossier,* ce chef d'œuvre de la bande dessinée contemporaine dû à Alan Moore pour le scénario et Kevin O'Neill pour le dessin.

Il y eut aussi quelques parodies lupiniennes en bandes dessinées : « Larsène Rupin » de Serge Ferrand dans *Tintin,* « Arsène Rupin » dans une aventure de Tif et Tondu pour *Spirou,* « Anselme Rupin » dans une aventure des 4 As de Chaulet et Craenhals.

Et des Arsène Lupin étrangers (mexicain, espagnol, italien). Hervé Le Chat en a dressé un panorama quasi exhaustif dans un article de *L'Aiguille Preuve* n° 8 (2006) : « Arsène Lupin et sa bande », complété par un addenda dans le n° 9 (2007).

---

12 Personnage albinos créé par Anthony Skene dans ses romans de la série « Sexton Blake ».

BEAUTRELET, ISIDORE

« Depuis dix ans, je ne me suis pas encore heurté à un adversaire de votre force... Avec vous, je suis obligé de me défendre, je dirai plus, de reculer. »

Arsène Lupin dans *L'Aiguille creuse*

Isidore Beautrelet est sans conteste le meilleur ennemi d'Arsène Lupin. Le meilleur parce que détective amateur de talent, sinon de génie, il fait preuve dans l'affaire du château d'Ambrusémy d'une clairvoyance remarquable et qu'il gêne les agissements de la bande du gentleman-cambrioleur au point de recevoir à trois reprises des messages lui intimant de se « mêler de ses affaires ». Et si Lupin l'entraînera sur une fausse piste – le château de l'Aiguille dans la Creuse –, Beautrelet n'en réussira pas moins à déchiffer le cryptogramme menant à l'aiguille d'Étretat, ce qui en fait un digne émule du Legrand d'Edgar Poe.

Le meilleur ennemi aussi, parce que le duel qui l'oppose à Lupin tout au long du roman et dont la tournure le désarçonne parfois, lui fera éprouver *in fine* une « sympathie irrésistible » à son égard. Quant à Lupin qui l'appelle affectueusement « bébé », il trouve Beautrelet très sympathique, doté d'« un grand charme de naïveté et de simplicité », mais un peu trop grave pour son âge.

Isidore Beautrelet est un jeune homme très grand et très mince, qui est élève de rhétorique au lycée Janson de Sailly. Épris d'aventures mystérieuses, il a sauté sur l'occasion procurée par l'affaire d'Ambrusémy lors d'un séjour en Normandie durant les vacances de Pâques pour jouer au détective. Ses condisciples le considèrent comme le grand rival d'Herlock Sholmès et vantent sa capacité à découvrir la vérité. Beautrelet a pour cela une méthode sûre qu'il expose d'ailleurs au juge d'instruction Filleul : « Je réfléchis d'abord, je tâche avant tout de trouver l'idée générale de l'affaire, si je peux m'exprimer ainsi. Puis j'imagine une hypothèse raisonnable logique, en accord avec cette idée générale. Et c'est après, seulement, que j'examine si les faits veulent bien s'adapter à mon hypothèse ». Les premiers chapitres de *L'Aiguille creuse* en démontrent la validité.

Avant que d'éprouver pour Lupin de la sympathie, Beautrelet proclame son admiration pour le criminel :

« Il y a dans ce vol une richesse de conception, une force, une puissance, une adresse et une désinvolture qui me donnent le frisson... Quel génie que cet homme ! »

À la fin du roman, Lupin salue le jeune homme d'un « Adieu Beautrelet ». Tout lecteur avisé du Canon lupinien ne peut que se poser cette question : « Qu'est devenu ce jeune homme aux talents détectives si prometteurs ? »

Est-il concevable qu'il n'en ait pas fait, à l'âge adulte, usage et un usage brillant ?

Il y a là une énigme que la lupinologie se doit de résoudre.

Ajoutons qu'Isidore Beautrelet est l'auteur d'un opuscule tiré à dix exemplaires et intitulé : *ARSÈNE LUPIN, sa méthode, en quoi il est classique et en quoi original*. Il contient une étude approfondie de chacune des aventures de Lupin, démontant le mécanisme même de ses façons d'agir.

BÉCHOUX

Dans la saga lupinienne, l'inspecteur Béchoux succède à Ganimard dans le rôle du policier récurrent. Il apparaît dans *L'Agence Barnett et Cie* où il noue avec le singulier avatar lupinien qu'est le détective privé Jim Barnett une relation ambivalente, faite d'admiration pour ses talents insurpassables de limier et de réprobation quant à la façon dont le directeur de l'agence, réputée gratuite, se rémunère.

Béchoux est d'ailleurs un élève de Ganimard, un policier estimable et scrupuleux travaillant selon « les méthodes courantes » avec quelque efficacité. « Un homme filé par moi ne s'en doute jamais » affirme-t-il fièrement.

Au physique, c'est un homme « pâle, long, maigre, chétif, mais pourvu de deux bras énormes, à biceps saillants qu'il semblait avoir dérobés à un champion de boxe et accrochés tant bien que mal à sa carcasse de poids plume. » Dans son visage d'aspect juvénile, le regard ne manque ni d'intelligence, ni d'acuité. Et, caractéristique peu commune chez un agent de la Sûreté, il soigne sa tenue.

S'il se reproche souvent les cordiales relations qu'il entretient avec Barnett à qui il arrive de faire appel dans certaines affaires quand bien même celui-ci n'a d'autre but, selon lui, « que de duper et d'escroquer », il laisse *in fine* « sa conscience d'homme l'emporter sur sa conscience professionnelle » dans cette affaire Desroques où la police n'a pas vraiment souci de justice.

Divorcé depuis six ans, Béchoux a été marié pendant un mois à la belle Olga Vaubant, qui l'a quitté pour devenir chanteuse-acrobate aux Folies-Bergères et faire carrière au music-hall. Il n'appréciera que fort peu la manière dont Barnett tirera récompense d'avoir retrouvé le lit Pompadour de son ex-femme.

Mais c'est grâce à l'entregent du détective qu'il sera promu au grade de brigadier avec lequel on le retrouvera dans *La Demeure mystérieuse* où il aide le vicomte Jean d'Enneris à mettre fin à la persécution qui frappe les Mélamare et tente, sans succès, de l'arrêter.

Dans *La Barre-y-va,* nous apprenons qu'il se prénomme Théodore et qu'il ne tient pas rigueur à Lupin de lui avoir échappé dans l'hôtel de la Valnéry, au point même d'avoir intercepté à la préfecture une lettre de dénonciation envoyée par un complice accusant Raoul d'Avenac d'être Lupin. Au point surtout, alors qu'il réside en Pays de Caux, à Radicatel, de faire appel à lui pour résoudre l'affaire du meurtre de M. Guercin au manoir de la Barre-y-va. Bien lui en prendra, car d'Avenac le tirera au bout du compte des griffes d'une redoutable séductrice.

Béchoux figure aussi dans *Les Milliards d'Arsène Lupin,* au même titre que Ganimard, et y tente à deux reprises, sans succès, d'arrêter Horace Velmont-Lupin, qui, entre ses deux tentatives de procéder à son arrestation, le fait pourtant nommer brigadier en intervenant à la préfecture de police.

Mais ce Béchoux-là, si peu reconnaissant et même quelque peu ingrat (Lupin lui livre quarante bandits sur un plateau !), est-ce bien là notre Théodore Béchoux ?

BENS Jacques

Poète, romancier (*Valentin, La Plume et l'ange, Rouge grenade*), nouvelliste couronné par le prix Goncourt de la nouvelle, auteur d'études sur Boris Vian et Raymond Queneau dont il a été le collaborateur à l'« Encyclopédie de la Pléiade », membre éminent de l'Ouvroir de littérature potentielle (OULIPO) dont il a assuré le secrétariat et de l'OULIPOPO, auteur dramatique, Jacques Bens est également l'auteur d'un des textes fondamentaux de la lupinologie : « Les Trois Grimes d'Arsène Lupin » que Jean Ferry a qualifié de « chef-d'œuvre de spéculation constructiviste ». Il est paru dans la *Revue des études lupiniennes* n° 3 en 1969 et a été complété d'un post-scriptum dans le n° 10 de la même revue.

L'ensemble a été réédité dans le n° 8 d'*Enigmatika*, second dossier Arsène Lupin proposé par la revue, auquel Jacques Bens collabora également par quelques « lupiniana ». Dans son roman *Adieu Sidonie*, paru chez Gallimard en 1969 et qui conte l'odyssée d'une curieuse trinité aux identités changeantes, Jacques Bens a truffé le chapitre 5 de nombreuses allusions lupiniennes (voire de citations) comme, par exemple page 114, la mention du « magot des rois de France » durant une démonstration déductive que n'aurait pas reniée Lupin lui-même. Dans le numéro 10 de la *Revue des études lupiniennes*, Géo Vadieu en a répertorié un nombre éloquent dans son article : « Arsène Lupin, clef de Jacques Bens et vice-versa ».

Ajoutons que le goût de Jacques Bens pour les brigands un tantinet gentlemen s'est également manifesté dans son roman *Gaspard de Besse* (Ramsay, 1986) consacré à un bandit provençal du XVIIIe siècle.

BOILEAU-NARCEJAC

Dans le tandem Boileau-Narcejac, c'est Thomas Narcejac qui fit le premier œuvre lupinienne avec un remarquable pastiche – l'un des meilleurs jamais écrits – paru en 1946 dans le recueil *Confidences dans ma nuit*, collection « La Mauvaise Chance » n° 7 aux éditions du Portulan : « L'Affaire Oliveira ».

Cette nouvelle fut rééditée au Club du livre policier en 1959 dans un volume qui réunissait les trois recueils de pastiches policiers [13] de Thomas Narcejac sous le titre *Usurpation d'identité*. Un choix de nouvelles plus restreint (augmenté de deux inédits) fut publié sous le même titre chez Hachette en 1980, puis chez J'ai Lu en 1983. *L'affaire Oliveira* y figurait en bonne place.

Lauréats tous deux du Prix du roman d'aventures, Pierre Boileau et Thomas Narcejac s'associèrent pour écrire un nouveau type de romans policiers qui eut quelque retentissement. Devenus des maîtres du suspense, ils firent paraître aux éditions du Masque sous la signature d'Arsène Lupin une nouvelle aventure du gentleman-cambrioleur : *Le Secret d'Eunerville* qui obtint l'année suivante le prix « Mystère » de la critique. Laquelle avait accueilli l'ouvrage avec enthousiasme : « La ressemblance avec les récits de Maurice Leblanc est frappante. Non seulement par les détails... mais par un sens fringant des rebondissements en forme de pirouette » écrivait alors Bertrand Poirot-Delpech dans *Le Monde*. Quatre autres volumes devaient suivre entre 1974 et 1979 : *La Poudrière* (signé Arsène Lupin), *Le Second Visage d'Arsène Lupin, La Justice d'Arsène*

13   *Confidences dans ma nuit, Nouvelles confidences dans ma nuit* (« La Mauvaise Chance ») et *Faux et usage de faux* (« Le Masque » n° 409, 1952).

Lupin et *Le Serment d'Arsène Lupin*. En tout cinq volumes utilisant toutes les ressources de la mythologie lupinienne (*Le Serment d'Arsène Lupin* met en scène M. Lenormand, chef de la Sûreté, par exemple) qui assurèrent à Lupin une seconde vie digne de la première. D'une suite posthume de cette qualité, bien peu de figures littéraires peuvent se vanter...

Reste une dernière occurrence lupinienne qui fait mystère. Dans le répertoire des œuvres radiophoniques de Boileau-Narcejac (Tome III de *Boileau-Narcejac Quarante ans de suspense*, « Bouquins », 1988), Francis Lacassin fait figurer un *Arsène Lupin en danger* de 15 minutes, écrit pour la série produite par Maurice Renault « Les aventures d'Arsène Lupin ». Il donne une date de diffusion : le 16 septembre 1960 sur France II. Mais cette série ne fut diffusée à nouveau après l'interruption des vacances qu'à partir du 1er octobre et nous n'avons pas trouvé mention de cet *Arsène Lupin en danger* dans les programmes des revues radiophoniques.

📖   Voir PASTICHES

BONNOT Jules

« To pine Ambour

Pendant que Bonnot baise effe »

Julien Torma

Pour Raymond Queneau, les faits-divers sont des « figuratifs »
de la grande Histoire : « On dérobe la Joconde, un tableau de maître/
Le Titanic effleure un iceberg géant/ Puis on voit des bandits armés
de revolvers/ Conduisant dans Paris de beaux autos volés » écrit-il
dans *Chêne et chien*. Le dernier de ces faits-divers aura, selon lui,
son accomplissement dans la révolution russe.

On a pu également considérer que la fiction lupinienne annonçait
la réalité du fait-divers : *L'Aiguille creuse* préfigurant le vol de la
Joconde et les exploits de la bande à Lupin ceux de la bande à Bonnot. C'est sans doute pourquoi le *New York Times* tint à s'attacher
les services de Maurice Leblanc pour rendre compte, dans son édition du dimanche 5 mai 1912, de l'assaut final qui avait été mené à
Choisy-le-Roi, le 28 avril, contre les « bandits tragiques » [14].

Une étude sur cet épisode, parue dans *L'Aiguille preuve* n° 13
(mai 2011), souligne que ce rare texte de commande écrit par Maurice Leblanc ne parle à aucun moment d'Arsène Lupin. Et de souligner toutes les différences entre ce dernier et Jules Bonnot. Encore
y a-t-il quelques traits communs aux deux : l'usage immodéré de
l'automobile, la science du déguisement, l'existence d'une bande
bien organisée, l'affectation de culture... Arsène Lupin en prison lisait Plutarque et annotait *La Vie de César* ; Maurice Leblanc signa-
lait que « le jour où on l'a débusqué dans une petite chambre d'Ivry,
Bonnot lisait tranquillement, allongé sur son lit. Que lisait-il ? Conan Doyle ? Nick Carter ? Pas du tout ! Il lisait Anatole France. »

---

14 Tout comme, en 1934, *Paris Soir* eut recours à Georges Simenon pour enquêter
sur le mystère de la disparition du Conseiller Prince.

S'il n'a pas influencé Jules Bonnot, Conan Doyle l'a peut-être employé comme chauffeur, selon le témoignage d'un rescapé de la bande à Jérôme Gauthier, du *Canard enchaîné*, témoignage corroboré par ceux de Michel Simon et du dessinateur Dignimont.

BOTANIQUE

Lupin n'est pas seulement un nom propre, c'est aussi un nom commun qui désigne plusieurs espèces végétales appartenant à l'ordre des fabales et à la famille des fabacées ou papilionacées, qui regroupe des plantes essentiellement herbacées, mais aussi ligneuses.

Les lupins ou Lupinus se distinguent par des feuilles composées-digitées à folioles entières et par les étamines de la fleur soudés par leur filet.

La caractéristique des papilionacées est leur fleur composée de cinq pétales, dont les deux inférieures sont soudées en carène, alors que la supérieure se déploie en étendard et les deux latérales en ailes : elle ressemble, plus ou moins à un papillon.

La *Nouvelle Flore de la Belgique, du Grand-duché de Luxembourg, du Nord de la France et des régions voisines*, notre Bible botanique, recense deux espèces dans la nature : le *Lupinus luteus* ou lupin jaune, à corolle jaune et le *Lupinus polyphyllus* ou lupin vivace à corolle bleue. Cette dernière espèce est proche de quelques autres espèces et cultivars comme *Lupinus arboreus* (lupin arborescent) et *Lupinus angustifolius* (lupin bleu). La bonne vieille flore Bonnier ne cite que le lupin varié, ce qui montre bien que la détermination n'est pas si aisée...

Il existe plusieurs variétés horticoles du lupin qui font justement la fierté des jardins. La plus répandue aujourd'hui est le lupin de Russell aux fleurs multicolores.

Don Luis Perenna, qui, à la fin des *Dents du tigre*, s'est retiré dans une modeste maison du village de Saint-Maclou, entouré d'un jardin auquel il a donné le nom de « Clos des lupins », y cultive avec passion toutes sortes de lupins : le lupin de Cruishbank, le lupin odorant, le lupin bigarré, et le lupin de Lupin, avec leurs épis entre-croisés aux couleurs bleue, violette, mauve, rose, blanche, sous une banderole où est inscrit un vers de José Maria de Heredia : *Et dans mon potager foisonne le lupin*. Il est clair qu'alors Lupin a choisi comme emblème le lupin... Homonymie, quand tu nous tiens !

Notons que dans le Calendrier des fleurs, qui dédicace les es-pèces de fleurs à des saints, les lupins font un beau tir groupé en juillet : le lupin jaune dédié à Sainte Eleonore, le lupin bleu à Saint Eugène, le lupin vivace à Saint Vincent et à Saint Léon, le lupin arborescent à Sainte Christine. Mais le 19 juillet, jour de la Saint Arsène, l'épervière orangée est dédiée à Saint Vincent de Paul ! (cf *L'Herbier légendaire* de Marie Gevers, p. 241).

Dans l'abondante flore lupinienne qui recense de nombreuses espèces : « les marguerites, les pommeroles, les violettes, les nar-cisses, le muguet » du parc de Villeneuve dans *813*, ou les « tulipes, mères-de-famille, corbeilles d'argent et pensées » qui dessinent, elles, trois mots : *Patrice et Coralie*, dans l'admirable jardin de Pas-sy du *Triangle d'or*, ce qui montre un intérêt manifeste de Maurice Leblanc pour la botanique d'autant qu'il cite aussi des espèces sau-vages moins connues comme la molène ou la ravenelle ; il y a des fleurs particulièrement notables : celles de Maguennoc.

« Des fleurs inimaginables, fantastiques, des fleurs de rêve, des fleurs de miracle, des fleurs hors de proportions avec les fleurs habituelles... On eût dit un bouquet composé de façon à réunir toutes les couleurs, tous les parfums et toutes les beautés... C'étaient des éphémères de Virginie, c'étaient des renoncules, des hémérocalles, des ancolies, des potentilles rouges comme du sang, des iris d'un violet plus lumineux qu'une robe d'évêque. On y voyait le pied d'alouette, le phlox, le fuchsia, l'aconit, le montbretia, la véronique... Et ce qu'il y avait de plus étrange, c'est que ces fleurs qui, à l'ordinaire, ne fleurissent pas simultanément et dont les éclosions se succèdent de mois en mois, poussaient et fleurissaient à la fois ! »

Tout lecteur de *L'Île aux trente cercueils* sait que cette floraison extraordinaire est le fruit de la radioactivité.

📖 Voir : — Violaine Brochier « La pommerole, une normande mystérieuse », *L'Aiguille preuve* n° 13, mai 2011.

— Violaine Brochier « Les racines de Lupin », *L'Aiguille preuve* n° 14, mai-juin 2012.

BRULÉ André

De son vrai nom : André Gresely, il est né à Bordeaux le 26 septembre 1879. Fils du directeur d'une manufacture de caoutchouc, il a raconté dans une interview de *Paris Soir* que son goût du théâtre fut précoce : « Vers ma treizième année, je construisis un guignol, habillant moi-même mes poupées, à qui je faisais jouer tout le répertoire de Molière, du *Misanthrope* au *Malade imaginaire*. Je possédais déjà l'âme d'un directeur de théâtre, puisque je faisais payer deux sous à mes camarades du lycée Lakanal pour assister aux représentations... Un jour, (j'avais 15 ans), Silvain vint me voir. Il m'encouragea fort dans la carrière jamais abandonnée qui me donna la joie de débuter aux côtés de la grande Sarah. ».

Sarah Bernhardt, bien sûr, « La Divine », qui l'engagea au théâtre de la Renaissance.

Sorti du Conservatoire avec un deuxième prix, il débuta ensuite sa carrière théâtrale dans des pièces d'Abel Hermant ou de Francis de Croisset, avant d'incarner Raffles en 1907 au théâtre Réjane. Sa prestation y fut remarquée par la critique. « M. André Brulé a joué avec beaucoup de grâce élégante et de juvénile crânerie le rôle très complexe de Raffles dont il a parfaitement rendu tous les aspects. » déclarait le critique du *Figaro* tandis que François de Nion écrivait dans *L'Écho de Paris* : « André Brulé incarne le rôle de Raffles avec une froideur britannique qu'on sent chauffée de passion, une sobriété de moyens, des qualités de charme et de jeunesse tout à fait remarquables. »

Avant d'incarner Arsène Lupin l'année suivante, il jouera *Ché-*

rubin de Francis de Croisset, auteur qu'il retrouvera à nouveau en 1914 pour *L'Épervier*.

De son interprétation d'Arsène Lupin, le critique Adolphe Brisson devait écrire : « Il réalise l'idéal du personnage, tel que les auteurs l'ont rêvé, vigoureux, félin, sensible, avec des câlineries de chat, des bondissements de panthère, de la férocité et du charme, une sveltesse élégante et musclée. »

André Brulé devait signer dans *Le Journal* du 19 avril 1937 un article intitulé « Un personnage d'autrefois... et de toujours : le gentleman-cambrioleur » dans lequel il décrit Lupin comme « le descendant direct de Figaro et de Cartouche, l'incarnation théâtrale de l'Aventurier avec un A majuscule. Lupin, c'est, au fond, un Cyrano qui aurait mal tourné. Le gentleman-cambrioleur, crapule de génie et poète mal inspiré, nous plaît malgré ses tares, à cause de son esprit d'à-propos, de sa recherche du geste élégant et gratuit qui sont tellement dans la manière française. »

Tout en continuant sa carrière de comédien, André Brulé passera à la mise en scène avec des pièces d'Henry Bataille, Tristan Bernard et Charles-Henry Hirsch ou Charles Méré. Il deviendra par la suite le directeur du Théâtre de la Madeleine et L.R. Dauven rapporte l'anecdote suivante : « Chaque soir au théâtre, son habilleuse lui remettait une centaine de lettres d'admiratrices auxquelles il répondait par un billet de faveur. Ce qui lui permettait de dire, plus tard, qu'avec ce système, il avait « rempli des salles et fait le bonheur de bien des couples ».

Son succès public ne fut pas toujours partagé par la critique et cette divergence fut analysée par Henry Bataille dans un article intitulé : « Le cas Brulé ». Paul Reboux, lui, prit le parti de l'acteur : « Combien rares sont les autres comédiens qui, comme lui, établissent un contact direct avec toute une salle, étudient leur personnage au point de le ressusciter, commandent l'attention par leur seule présence même quand elle est silencieuse, et, pour tout dire d'un mot, sont doués d'un tel rayonnement. » (*Paris Soir,* 13 juillet 1925)

S'il tint quelques rôles au cinéma dans les années 1910 (notamment dans « Le club des élégants »), c'est surtout à la fin des années 30 et au début des années 40 qu'il s'y distingua dans des premiers rôles pour Jacques Feyder (*Les gens du voyage*, 1937), pour Jacques Daroy en 1938 pour le rôle de Vidocq, pour Henri Fescourt en 1942, pour Yvan Noé, futur auteur de romans policiers et de pièces radiophoniques policières, pour qui il incarna le docteur Carter, agent du deuxième bureau, qui enquête dans deux films de 1939 : *L'Étrange Nuit de Noël* et *Le Château des quatre obèses.*

Il est décédé le 14 février 1953.

D'après Frédéric Lefèvre *(Les Nouvelles littéraires,* 6 juillet 1935), Maurice Leblanc avait pressenti André Brulé pour jouer dans sa pièce, alors en projet : *La Couronne de jasmin.*

cf : « A. B. gentleman acteur » par Aurélius Gécelli, *L'Aiguille preuve* n° 14.

Voir : THÉÂTRE

BUTIN

Dans le n° 4 de la *Revue des Études Lupiniennes*, Marcel Hovenot a calculé le montant des larcins effectués par Arsène Lupin entre 1903 et 1913. Il démontre que la plupart des « affaires » contées par Maurice Leblanc n'en étaient pas, au plan financier, car très souvent peu rentables (« Le Fêtu de paille », « Le Mystérieux Voyageur ») ou franchement déficitaires (toutes les autres, à l'exception de « La Perle noire » et de « L'Écharpe de soie rouge »). Pourtant, à la fin des *Dents du tigre*, Arsène Lupin peut distribuer 6 millions en biens immobiliers, et diverses prébendes (places de fonctionnaire, de conseillers municipaux, bureaux de tabac ou épiceries) que M. Hovenot évalue à 3 millions.

Ces millions accumulés proviennent donc des multiples larcins que le chroniqueur des aventures d'Arsène Lupin n'a pas retenus ou plutôt que Lupin ne lui a pas révélés, préférant « se présenter au public sous le jour le plus engageant possible, c'est-à-dire en minimisant les risques financiers courus par le même public du fait dudit Lupin. Ce qui est profitable, entre autres, sur le plan de la publicité ».

Outre ses générosités privées, Arsène Lupin se livra au mécénat à l'égard de l'État : le sous-marin « Sept-de-cœur », la source miraculeuse de Juvains, les richesses artistiques et joaillières de l'Aiguille creuse, un empire en Afrique… Ce mécénat était d'autant plus généreux qu'Arsène Lupin ne pouvait en déduire le montant de celui de ses impôts puisque l'impôt sur le revenu n'existait pas à l'époque et qu'en tout état de cause Lupin n'aurait pas été imposable. M. Hovenot concluait qu'Arsène Lupin ne fut autre chose qu'un grand honnête homme au service de son pays.

NB : Marcel Hovenot est muet sur l'origine des « milliards » d'Arsène Lupin, placés par celui-ci dans les coffres américains. Ils doivent provenir de la période 1913-1926, à moins que les nombreuses affaires antérieures tues par Lupin et Leblanc n'aient été encore beaucoup plus profitables que ne le croyait M. Hovenot.

📖   Voir : AVENTURES NON RACONTÉES PAR MAURICE LE-BLANC

CANON LUPINIEN

1 « L'Arrestation d'Arsène Lupin » dans *Je sais tout* n° 6, 15 juillet 1905.

2 « La Vie extraordinaire : Arsène Lupin en prison ».

3 « La Vie extraordinaire d'Arsène Lupin : L'Évasion d'Arsène Lupin » dans *Je sais tout* n° 12, 15 janvier 1906.

4 « La Vie extraordinaire d'Arsène Lupin : Le Mystérieux Voyageur » dans *Je sais tout* n° 13, 15 février 1906.

5 « La Vie extraordinaire d'Arsène Lupin : Le Collier de la reine » dans *Je sais tout* n° 15, 15 avril 1906.

6 « La Vie extraordinaire d'Arsène Lupin : Le Coffre-fort de madame Imbert » dans *Je sais tout* n° 16, 15 mai 1906, 15 juin 1906, retitré plus tard « Herlock Sholmès arrive trop tard ».

8 « La Vie extraordinaire d'Arsène Lupin : La Perle noire » dans

Je sais tout n° 18, 15 juillet 1906.

9 « Les Nouvelles Aventures d'Arsène Lupin : La Dame blonde », sept feuilletons dans *Je sais tout* n° 22 à 27, 15 novembre 1906 — 15 avril 1907.

10 « Comment j'ai connu Arsène Lupin : Le Sept de cœur », dans *Je sais tout* n° 28, 15 mai 1907.

11 *Arsène Lupin gentleman cambrioleur*, Pierre Lafitte, juin 1907 ; recueil de nouvelles, contient : 1 à 8, 10.

12 « Les Nouvelles Aventures d'Arsène Lupin : La Lampe juive », dans *Je sais tout* n° 32-33, 15 juillet-15 août 1907.

13 *Arsène Lupin contre Herlock Sholmès,* Pierre Lafitte, 1908.

14 « Les Nouvelles aventures d'Arsène Lupin : L'Aiguille creuse », sept feuilletons dans *Je sais tout,* n° 44 à 52 ; 15 novembre 1908 — mai 1909, en volume chez Pierre Lafitte, juin 1909.

15 *Arsène Lupin,* pièce en quatre actes de Francis de Croisset et Maurice Leblanc, Pierre Lafitte, 1909.

16 *813*, Pierre Lafitte, 1910 ; réédité en deux fascicules : *813* et *Les Trois Crimes d'Arsène Lupin*, 1917.

17 « Les Confidences d'Arsène Lupin : Les Jeux du soleil » dans *Je sais tout* n° 75, 15 avril 1911.

18 « Les Confidences d'Arsène Lupin : L'Anneau nuptial » dans *Je sais tout* n° 76, 15 mai 1911.

19 « Les Confidences d'Arsène Lupin : Le Signe de l'ombre »

dans *Je sais tout* n° 77, 15 juin 1911.

20 « Les Confidences d'Arsène Lupin : Le Piège infernal » dans *Je sais tout* n° 78, 15 juillet 1911.

21 « Les Confidences d'Arsène Lupin : L'Écharpe de soie rouge » dans *Je sais tout* n° 79, 15 août 1911.

22 « Les Confidences d'Arsène Lupin : La Mort qui rôde », dans *Je sais tout* n° 80, 15 septembre 1911.

Dans le numéro 74 du 15 mars, p. 243, un article intitulé « Arsène Lupin revient » annonçait la publication de six nouvelles : *Les Jeux du soleil, L'Anneau nuptial, Le Signe de l'ombre, La Mort qui rôde, L'Allumette bougie, La Femme de Nicolas Dugrival (Le Piège infernal).*

23 « Une Aventure d'Arsène Lupin » sketch publié dans *Les Aventures extraordinaires d'Arsène Lupin,* tome 1, Omnibus, 2004.

24 « Le Mariage d'Arsène Lupin » dans *Je sais tout* n° 94, 15 novembre 1912.

25 *Le Bouchon de cristal,* Pierre Lafitte, 1912.

26 « Le Fétu de paille » dans *Je sais tout* n° 96, 15 janvier 1913.

27 « Edith au cou de cygne » dans *Je sais tout* n° 97, 15 février 1913.

28 *Les Confidences d'Arsène Lupin,* Pierre Lafitte, 1913, recueil de nouvelles ; contient : 17 à 22, 24, 27, 28.

29 *L'Éclat d'obus,* roman ; 47 feuilletons dans *Le Journal* du

21 septembre au 7 novembre 1915, en volume chez Pierre Lafitte, 1916.

30 *Le Triangle d'or,* roman ; 68 feuilletons dans *Le Journal* du 20 mai au 26 juillet 1917, en volume chez Pierre Lafitte, 1918.

31 *L'Île aux trente cercueil*s, roman ; 59 feuilletons dans *Le Journal* du 6 juin au 3 août 1919, en volume chez Pierre Laffitte, 1920.

32 *Les Dents du tigre*, roman ; 62 feuilletons dans *Le Journal* du 31 août au 31 octobre 1920, en volume chez Pierre Lafitte, 1921.

33 « Le Retour d'Arsène Lupin » de Francis de Croisset et Maurice Leblanc, dans *Je sais tout* n° 177 et 178, 15 septembre et 15 octobre 1920.

34 « Les Huit Coups de l'horloge : Au sommet de la tour », nouvelle en six feuilletons quotidiens dans *Excelsior* du 17 au 22 décembre 1922.

35 « Les Huit Coups de l'horloge : La Carafe d'eau », nouvelle en six feuilletons quotidiens dans *Excelsior* du 22 au 27 décembre 1922.

36 « Les Huit Coups de l'horloge : Thérèse et Germaine », nouvelle en six feuilletons quotidiens dans *Excelsior* du 27 décembre 1922 au 1er janvier 1923.

37 « Les Huit Coups de l'horloge : Le Film révélateur », nouvelle en cinq feuilletons quotidiens dans *Excelsior* du 2 au 6 janvier 1923.

38 « Les Huit Coups de l'horloge : Le Cas de Jean-Louis », nou-

velle en six feuilletons quotidiens dans *Excelsior* du 7 au 12 janvier 1923.

39 « Les Huit Coups de l'horloge : La Dame à la hache », nouvelle en six feuilletons quotidiens dans *Excelsior* du 17 au 22 janvier 1923.

40 « Les Huit Coups de l'horloge : Des pas sur la neige », nouvelle en six feuilletons quotidiens dans *Excelsior* du 17 au 22 janvier 1923.

41 « Les Huit Coups de l'horloge : Au dieu Mercure », nouvelle en cinq feuilletons quotidiens dans *Excelsior* du 24 au 28 janvier 1923.

42 *Les Huit Coups de l'horloge,* Pierre Lafitte, 1923, recueil de nouvelles ; contient 34 à 41.

43 *La Comtesse de Cagliostro,* roman ; 52 feuilletons dans *Le Journal* du 10 décembre 1923 au 30 janvier 1924, en volume chez Pierre Lafitte, 1924.

43 bis « La Dent d'Hercule Petitgris », dans *Les Œuvres libres* n° 42, décembre 1924. Paru sous le titre « The Overcoat of Arsène Lupin » (« Le Pardessus d'Arsène Lupin ») dans *The Popular Magazine*, 7 octobre 1926, avec 25 lignes supplémentaires transformant Hercule Petitgris en Arsène Lupin.

44 *La Demoiselle aux yeux verts,* roman ; 42 feuilletons dans *Le Journal* du 8 décembre 1926 au 18 janvier 1927, en volume chez Pierre Lafitte, 1927.

45 « L'Homme à la peau de bique », nouvelle dans l'anthologie

L'Amour selon les romanciers français, Baudinière, 1927.

46 « Les Gouttes qui tombent », dans *Lectures pour tous*, octobre 1927.

47 « Les Douze Africaines de Béchoux », dans *Lectures pour tous,* novembre 1927.

48 « Le Hasard fait des miracles », dans *Lectures pour tous,* janvier 1928.

49 *L'Agence Barnett et Cie*, Pierre Laffitte, 1928, recueil de nouvelles ; contient 46,47, 48, « La Lettre d'amour du roi Georges », « La Partie de baccara », « L'Homme aux dents d'or », « Gants blancs, guêtres blanches », « Béchoux arrête Jim Barnett ».

L'édition anglaise (*Jim Barnett intervenes,* Mills and Boon, London, 1928) et l'édition américaine (*Arsène Lupin intervenes,* Macaulay Company, New-York, 1929) contenaient une neuvième nouvelle, « The Bridge that broke », restée inédite en français jusqu'à sa publication dans *813, revue des amis de la littérature policière* en octobre 2005, puis, en plusieurs traductions, dans *L'Aiguille preuve* n° 15 bis.

50 *La Demeure mystérieuse,* roman ; 37 feuilletons dans *Le Journal,* du 25 juin au 31 juillet 1928, en volume chez Pierre Lafitte, 1929.

51 *La Barre-y-va,* roman ; 39 feuilletons dans *Le Journal* du 8 août au 15 septembre 1930, en volume chez Pierre Lafitte, 1931.

52 « Le Cabochon d'émeraude », dans les *Annales politiques et*

littéraires du 15 novembre 1930 (avec Jim Barnett).

53 *La Femme aux deux sourires,* roman ; 46 feuilletons dans *Le Journal* du 6 juin au 20 août 1932, en volume chez Pierre Lafitte, 1933.

54 *Victor de la brigade mondaine,* roman ; 32 feuilletons dans *Paris Soir* du 17 juin au 15 juillet 1933, en volume chez Pierre Lafitte, 1934.

55 *La Cagliostro se venge,* roman ; 35 feuilletons dans *Le Journal* du 21 juillet au 23 août 1934, en volume chez Pierre Lafitte, 1935.

56 *Les Milliards d'Arsène Lupin*, roman ; 29 feuilletons dans *L'Auto* du 10 janvier au 11 février 1939, en volume chez Hachette, collection « L'Énigme » n° 13, 1941.

Réédition complétée aux éditions Manucius, 2015.

57 *Le Dernier Amour d'Arsène Lupin*, Balland, 2012.

58 « Un quart d'heure avec Arsène Lupin », dans *L'Aiguille preuve* n° 17 bis (octobre 2015) : pièce en un acte qui fut jouée au Casino d'Étretat le 20 août 1932 sous le titre *Cinq minutes montre en main.*

59 « Cette femme est à moi », dans *L'Aiguille preuve* n° 17 bis (octobre 2015), pièce ou scénario de film. Inédit.

CATOGAN Valère

La méthode des anagrammes, chère à Arsène Lupin, fut utilisée par Raymond Lindon (avocat général) pour signer *Le Secret des rois de France ou la véritable identité d'Arsène Lupin,* publié en 1955 aux Éditions de Minuit, alors dirigées par son fils Jérôme Lindon.

Cette œuvre pionnière, s'il en est, de la lupinologie, mêle, avec une grande érudition, l'Histoire de France et celle d'Étretat, la géographie locale, l'art de l'anagramme et du décryptage avec l'alchimie la plus nucléaire. Elle démontre qu'Arsène Lupin, qu'on savait napoléonâtre, est, tout comme peut-être le général Weygand, un descendant, par Victoire, de Badinguet. Comme l'écrivit Jules Salicional, « si, après cette scientifique démonstration, il en est encore qui – je ne dis pas : doutent de l'existence d'Arsène Lupin, mais simplement – ne trouvent pas évident qu'il appartînt à la Famille Royale de France, ils ne sont pas dignes de lire Euclide ».

📖   Voir NAPOLÉON, VICTOIRE

CHAMBRES CLOSES

Intitulée « Lupin premier », une étude, parue dans le n° 604-605 de la revue *Europe* (août-septembre 1979), montrait que, dans la série des Arsène Lupin, Maurice Leblanc ne s'était pas seulement avéré un feuilletoniste dans la ligne d'Alexandre Dumas, mais qu'il avait, le premier, imaginé maintes situations du roman d'énigme devenues classiques (le narrateur coupable, la série de crimes réglée par une logique verbale, le thème chestertonien de « l'homme invisible », etc.).

S'il ne fut pas le premier à s'attaquer aux mystères de chambres closes (avant lui il y eut Edgar Poe* dans le récit fondateur du genre, voire Balzac* ou Hérodote), Maurice Leblanc se confronta à plusieurs reprises à cette situation cardinale de l'énigme policière. Il le fit certes en feuilletoniste, lorsqu'il résout le problème à grand renfort de trappes et passages secrets, mais aussi parfois de manière plus classique et respectueuse des règles édictées par S.S. Van Dine.

Le premier méfait de Lupin, le vol du *Collier de la Reine* est proche, dans sa solution, de celui du *Double Crime dans la rue Morgue* qui inspira Maurice Leblanc par ailleurs. Le gorille est remplacé par un enfant. De même, dans *Le Bouchon de cristal*, il faut et il suffit, pour vaincre la clôture, d'un enfant ou d'un acrobate. Dans *La Barre-y-va*, c'est un artifice mécanique qui explique que Guercin a pu être revolvérisé depuis l'intérieur d'une tour pourtant déserte. Le cas le plus exemplaire des trois possibilités résumées par Anthony Boucher est celui de la nouvelle « Thérèse et Germaine » du recueil *Les Huit Coups de l'horloge*.

Ajoutons que, dans *La Femme aux deux sourires*, il y a un bel exemple de crime impossible en lieu ouvert.

📖   Voir EDGAR POE

CHRONOLOGIE

S'il n'y a pas eu jusqu'ici une biographie en forme d'Arsène Lupin – analogue au *Moi Sherlock Holmes* de W.S. Baring-Gould – il y a eu au moins quatre essais pour classer chronologiquement ses exploits. D'abord, et premier, celui du Commodore Perry Hammer dans le n° 5 de la *Revue des Études Lupiniennes*. Elle fut utilisée et remaniée par Francis Lacassin dans le n° 52 du *Magazine littéraire* consacré à « Arsène Lupin ». Francis Lacassin affina sa chronologie pour le tome III de l'édition « Bouquins » des aventures d'Arsène Lupin. André-François Ruaud enfin [15], dans son *Arsène Lupin* paru chez D.L.M. en 1996, renouvela la question dans un long chapitre intitulé « Sur la piste d'Arsène Lupin ». André-François Ruaud y rejoint les conclusions de Philippe Radé, qu'il remercie à la fin de son ouvrage. Philippe Radé n'a pas composé une chronologie d'Arsène Lupin, mais, sur ce problème – car il s'agit d'un problème –, il est indispensable de consulter sa longue étude intitulée « La vraie vie d'Arsène Lupin ou les mille et une erreurs de Francis Lacassin », parue dans le n° 6 de *L'Aiguille preuve*, qui est une charge contre la chronologie de Francis Lacassin.

Le tableau comparatif que dresse Philippe Radé des quatre chronologies susdites est éloquent. Certes, quelques dates ne souffrent aucune discussion : Arsène Lupin est né en 1874 [16]. Son premier « exploit », le vol du Collier de la Reine, a eu lieu en 1880 [17]. L'aventure de *La Comtesse de Cagliostro* se déroule en 1894. Les exploits de Lupin durant la guerre sont facilement datés : 1915 pour *L'Éclat*

---

15   Dans *Arsène Lupin de A à Z,* Philippe de Côme suit la chronologie de Francis Lacassin.

16   On négligera les incertitudes concernant les mois et non les années.

17   Nonobstant l'indication de Maurice Leblanc, dans certaines éditions, que l'affaire se déroula « au début du siècle » (le XXe).

d'obus et *Le Triangle d'or*, 1917 pour *L'Île aux trente cercueils*. *Les Dents du tigre* datent de 1919.

De légers désaccords existent quant à la date de l'aventure de *L'Aiguille creuse* (1908 pour Hammer et Lacassin, 1909 pour le duo Radé-Ruaud) et pour *813* (1912 ou 1912-1913). Pour le reste règne la plus grande incohérence ; elle est moins due aux chronologistes qu'à Maurice Leblanc. Pour chaque aventure, on dispose en principe d'un terminus *ad quem* : la date de sa parution. Mais Philippe Radé remarque, par exemple, que *813* a été publié en 1910, mais que Maurice Leblanc, dans *Les Dents du tigre* et les rééditions de *813,* datera l'aventure de 1912 (« deux ans avant la guerre »). Ou encore que *Les Dents du tigre* fut publié en langue anglaise en 1914 alors que les événements qui y sont relatés seront datés de 1919 dans l'édition française.

Feuilletoniste plus qu'historien, Maurice Leblanc n'était pas à l'abri des contradictions involontaires : on connaît l'épisode de *La Comtesse de Cagliostro* où, après un coup de poignard, les voisins accourent, alertés par le bruit de la détonation ! Il lui arrive de commettre des erreurs à propos des quantièmes, comme dans *La Femme aux deux sourires* où, remarque Philippe Radé, le 4 juin tombe un vendredi, et le 3 juillet de la même année, un mercredi, ce qui est impossible. Ou encore, dans *Les Milliards*, lorsque le 20 octobre est dit être un mardi et que, le même jour, Arsène Lupin affirme : « c'est aujourd'hui vendredi ». Philippe Radé remarque qu'à la fin de sa vie, Maurice Leblanc semblait avoir perdu toute notion de la chronologie, comme en témoigne le roman « historique » *La Guerre de mille ans* qui fourmille d'anachronismes.

Ces erreurs peuvent encore se déceler lorsque le chronologiste entreprend de se colleter avec le « réel ». Dans la première aventure publiée, Maurice Leblanc, dès la création de son personnage, lui fait traverser l'Atlantique sur un paquebot « La Provence » qui n'était pas encore construit. Et il y fait transmettre une dépêche par un télégraphe sans fil qui ne fonctionnait alors encore sur aucun paquebot. C'est seulement en 1906 que la première « TSF » fut inaugurée sur « La Provence ».

Et surtout, au fil des rééditions, Maurice Leblanc a tenu à rajeunir son texte, ce qui explique, par exemple, la contradiction entre l'assertion du texte selon laquelle les aventures de Jim Barnett se déroulent « un peu avant la grande guerre » et le fait que l'on y entende du jazz et que l'ambiance y soit celle des « années folles » : ces détails ne sont là que pour « faire moderne ». Dans la réédition de 1931 du « Théâtre de Maurice Leblanc », écrit Philippe Radé, « les passages ayant trait à l'Exposition, à Jaurès, à Baudry d'Asson (député de 1876 à 1914) et à Lépine (préfet de police) ont été supprimés ». Dans la réédition de *L'Aiguille creuse*, les « voitures » ont été remplacées par des « autos », les « cochers » par des « chauffeurs », les « calèches » par des « coupés » [18].

Philippe Radé remarque encore que, dans l'édition 1920-1921 des *Dents du tigre*, la retraite de Lupin à Saint-Maclou est donnée comme définitive, alors que dans l'édition 1932-1933 il ajoute : « sans doute la vie reprit, la vie tourmentée, ardente... », etc. C'est qu'entre temps les choses avaient changé. De 1921 à 1932, Maurice

18 Cf l'édition critique de *L'Aiguille creuse* parue aux éditions des Falaises en 2012. Les annotations de Jacques Derouard sur les variantes du texte après l'originale de 1909 est comme le prélude à une future édition d'Arsène Lupin dans la Bibliothèque de la Pléiade.

Leblanc, ayant mis Arsène Lupin à la retraite, pensait avoir mis un point final à ses aventures et n'envisageait plus que de faire des « retours en arrière » contant des aventures anciennes d'avant-guerre [19] : il faut distinguer entre la date d'écriture et celle de l'affabulation. En 1932-1933, Maurice Leblanc changea d'avis et se décida à raconter des aventures « récentes », postérieures à la guerre, aux *Dents du tigre* et aux années de retraite : *Victor de la brigade mondaine, La Cagliostro se venge.*

Ainsi, contrairement à leurs deux prédécesseurs, Philippe Radé et André-François Ruaud remontent tout le cycle « Béchoux », *La Demeure mystérieuse, La Demoiselle aux yeux verts, Les Huit Coups de l'horloge*, à la période précédant la guerre de 1914-1918. Ils ne considèrent comme postérieurs à celle-ci que *Les Dents du tigre, Victor, La Cagliostro se venge, La Femme aux deux sourires, Les Milliards* et *Le Dernier Amour.*

Pas une seule fois dans les récits de la première série, il n'est fait allusion à la révolution russe et surtout à la guerre, alors que celles-ci abondent dans la seconde série, remarque encore Philippe Radé. Et, au cours de cette seconde série, Arsène Lupin ne sort de sa retraite qu'à contrecœur, contre un usurpateur de son nom, pour une lutte où son fils est impliqué et parce qu'il doit se <u>défendre</u> contre la maffia, alors que dans la première série, Lupin <u>recherche</u> l'aventure, comme dans tous ses autres exploits d'avant-guerre.

Quant à la date de la mort d'Arsène Lupin, les différents chronologistes en sont réduits à de pures ou impures spéculations. Ba-

---

19   À la façon du *Chien des Baskerville*, écrit sous la pression éditoriale et maternelle, par Conan Doyle après qu'il ait fait disparaître Sherlock Holmes à Reichenbach.

ring-Gould faisait vivre Sherlock Holmes (de vingt ans l'aîné de Lupin) jusqu'en 1957, soutenu par la gelée royale des abeilles qu'il élevait. Dans le n° 52 du *Magazine littéraire*, Francis Lacassin estimait que Lupin pouvait être encore vivant (en 1971, il aurait eu 97 ans), peut-être dopé par la fontaine de Juvains. Philippe Radé opine qu'Arsène Lupin a précédé Maurice Leblanc dans la tombe, car, vivant, il eût empêché la victoire allemande de 1940. André-François Ruaud observe qu'Arsène Lupin combat l'envahisseur allemand dans la nouvelle d'Anthony Boucher « Arsène Lupin contre le colonel Linnaus » (*Mystère Magazine* n° 45).

CINÉMA

Dans un article intitulé « Quand théâtre et cinéma courent après Arsène Lupin », paru dans *Ciné-France* le 28 mai 1937, Maurice Leblanc écrivait : « En 1909, j'eus des pourparlers avec la maison Pathé. À cette époque, les conditions de vente étant assez élevées, je demandai dix centimes par mètre tiré avec un à-valoir de 20.000 francs. Au dernier moment, Pathé n'osa risquer l'affaire. »

Mais Lupin avait déjà fait sa première apparition cinématographique aux États-Unis sous la houlette du pionnier Edwin Stratton Porter, le réalisateur de *The great train robbery.*

1908 *The gentleman-burglar* (en France *Une aventure d'Arsène Lupin*), réalisation et scénario : Edwin Stratton Porter, avec William Ranows dans le rôle-titre, 8 minutes environ.

Lupin reviendra à l'écran en 1910 dans un film à épisodes de la firme allemande Vitascope, *Arsene Lupin contra Sherlock Holmes,* dans lequel le réalisateur-scénariste danois Viggo Larsen reprenait le rôle de Sherlock Holmes qu'il avait déjà incarné en 1908. « Chez Larsen, Lupin n'est qu'un redoutable faire-valoir, incarnation de la perfidie gauloise » affirme Hervé Dumont qui précise qu'il n'y a aucun rapport entre le serial berlinois et le roman de Maurice Leblanc narrant l'affrontement entre Lupin et Herlock Sholmès.

1910-1911 *Arsene Lupin contra Sherlock Holmes,* avec Viggo Larsen (Holmes), Paul Otto (Lupin)

1 1910 *Der alte Sekretär*

2 1910 *Der blaue Diamant*

3 1910 *Die falschen Rembrandt*

4 1910 *Die Flucht*

5 1911 *Arsene Lupins Ende*

En 1913, c'est Georges Tréville, qui avait déjà incarné Sherlock Holmes dans la série franco-britannique de la firme Eclair, qui interpréta le premier Lupin français pour la firme Pathé cette fois.

1913 *Arsène Lupin contre Ganimard,* r. : Michel Carré, avec Georges Tréville (Lupin), Harry Baur (Ganimard).

« Arsène Lupin, c'est Tréville, un artiste d'une élégance raffinée, qui anime ce rôle écrasant par ses multiples transformations. Harry Baur prête au personnage de l'inspecteur Ganimard sa spirituelle fantaisie, toute la finesse d'un masque extrêmement mobile. Mondos dans sa création du baron Cahorn, se révèle comédien de tout premier ordre. » (*L'Écho de Paris* du 20 décembre 1913).

L'année suivante, ce sont les studios britanniques qui prirent le relais avec une adaptation de la pièce de Francis de Croisset et Maurice Leblanc. « Croisset et moi, nous reçûmes un scénario que nous acceptâmes sans enthousiasme. » écrit Leblanc qui ajoute que le matériel du film expédié en Amérique fit naufrage avec le « Titanic ».

1915 *Arsene Lupin,* r. : George Loone Tucker, sc : George Loone Tucker, Bannister Merwin et Kenelm Foss, avec : Gerald Ames (Lupin), Manora Thew (Sonia Krichnoff), Kenelm Foss (Guerchard) Production : London Film company.

Entre-temps, un producteur américain s'était intéressé à Lupin : « Un Américain du nom de Menchen me versa l'à-valoir et acheta un studio à Joinville-sur-Seine. Aucun film ne sortit. La faillite fut déclarée. Mon Américain rejoignit l'Angleterre et plus tard l'Amérique » raconte Leblanc qui s'étend ensuite sur ses démêlés juridiques avec ce Menchen.

Le film suivant fut américain et proposa une version de la pièce de De Croisset et Leblanc.

1917 *Arsene Lupin*, r. : John S. Robertson et Paul Scardon, sc. : Garfield Thompson, avec Earle Williams (Lupin), Ethel Gray Terry (Sonia Krichnoff), Brinslay Shaw (Guerchard). Production : Vitagraph.

1919 *The teeth of the tiger* (T.f. : Les dents du tigre), r. : Chester Withey, sc. : Roy Somerville d'après le roman de Maurice Leblanc, avec David Powell (Lupin). Production Paramount.

1920 *813 — Arsène Lupin* (T.f. : Arsène Lupin : 813), r. : Scott F Sidney, sc. : W Scott Darling, avec Wedgewood Nowell (Lupin), Wallace Beery.

En 1921, c'est le réalisateur hongrois Paul Fejos qui tourne à Budapest, sur un scénario original, un serial à l'américaine. Paul Fejos réalisera plus tard en France en 1932 un beau « Fantômas ».

1921 *Arsèn Lupin utolso Kalandja* (La dernière aventure d'Arsène Lupin), r. : Dr Pal Fejös, sc. : Pal Forro, avec Gusztav Partos (Lupin).

1923 *813 — Rupimondo* (813 une histoire de Lupin), r. : Kenji Mizoguchi, sc. : Tanaka Soichiro, avec Minami Komei (Lupin), Japon.

Il faut attendre presque dix ans pour qu'Arsène Lupin fasse sa réapparition sur les écrans dans un film d'abord confié à Tod Browning, le réalisateur de *Dracula*, qui, pris par le tournage de *Freaks*, fut remplacé par Jack Conway. Le scénario était basé sur la pièce de De Croisset et Leblanc, mais sensiblement modifiée. On note la présence au générique de Bayard Veiller, auteur dramatique à qui l'on doit deux classiques de la pièce policière : *The thirteenth chair* et *Le Procès de Mary Dugan*. Le film réunira pour la première fois à l'écran les deux frères Barrymore, Lionel et John, deux grandes stars américaines.

1932 *Arsène Lupin* (T.f. : Arsène Lupin, gentleman cambrioleur), sc. : Carey Wilson, avec John Barrymore (Lupin), Lionel Barrymore (Guerchard), Karen Morley (Sonia Krichnoff.).

Producteur : Irving G. Thalberg pour la MGM.

Maurice Leblanc n'eut pas l'heur d'apprécier le film : « Ce n'est ni un très bon film, ni un très mauvais. En tout cas le caractère d'Arsène Lupin n'y était pas. Cela provenait beaucoup du très grand acteur que l'on chargea du rôle, John Barrymore, homme aux larges épaules et à la stature de gangster. Combien différent de l'élégant et gracieux André Brulé en qui les Parisiens ont personnifié Arsène Lupin. En revanche, le frère de John, Lionel Barrymore, mit sur pied un puissant inspecteur Guerchard. »

La presse ne partagea pas ses réserves. « Un scénario bien fait et varié qui développe une action mouvementée, fertile en épisodes inattendus. Tel est "Arsène Lupin". On goûtera cette rapidité des événements et le prodigieux intérêt qu'ils suscitent. C'est là dans le genre policier si rebattu, l'une des œuvres les plus vivantes que l'on ait faites » écrivait *Le Matin* du 2 décembre 1932 en saluant une interprétation de tout premier ordre.

Le film suivant fut français, réalisé pour les films Osso, d'après « certains épisodes » (dixit Maurice Leblanc) de *L'Agence Barnett et Cie*. Jim Barnett le détective y était incarné par l'un des meilleurs acteurs français du moment : Jules Berry.

« Arsène Lupin, on le sait, est volontiers redresseur de tort. L'un des épisodes de sa vie aventureuse nous le montre dans ce rôle sympathique où s'affirme plus particulièrement sa propension au donquichottisme » (*Le Petit Parisien* du 7 mai 1937).

« Jules Berry mène le jeu avec son agilité caustique et son charme désinvolte » (*L'Intransigeant* du 3 mai 1937).

1937 *Arsène Lupin détective*, r. et sc. : Henri Diamant-Berger, dial : Henri Diamant-Berger et Jean Nohain, avec Jules Berry, Gabriel Signoret (Béchoux), Suzy Prim, René Navarre.

1938 *Arsene Lupin returns* (T.f. : Le retour d'Arsène Lupin), r. : George Fitzmaurice, sc. original : Kevin McGuinness, Howard Emerett Rogers, George Harmon Coxe, avec Melvyn Douglas (Lupin), Viriginia Bruce, Warner Williams. Production MGM.

« En cette confuse histoire, le comte de Grissac cherche à sauver une incomparable émeraude convoitée de toutes parts. Il finit par se la faire subtiliser par quelqu'un qui signe "Arsène Lupin". Or celui-ci, retiré des affaires, vit en gentleman-farmer à quelques kilomètres du château de Grissac. Épris de la nièce du comte – qui le lui rend bien – il prend l'enquête en mains. Tantôt aidé, tantôt contrecarré par l'énigmatique détective américain Emerson, il découvre le voleur ainsi que le bijou » (*Le Petit Parisien* du 29 juillet 1938). Quant à Roger Régent, l'éminent critique, dans un article plutôt favorable de *L'Intransigeant*, il s'interroge : « Quel acteur pourrait correspondre exactement aux héros de nos rêves ? À première vue, il semble que l'on puisse attribuer les échecs cinématographiques d'Arsène Lupin au danger qu'il y a toujours à matérialiser un mythe, à donner une enveloppe humaine, un visage, une voix à des personnages que notre imagination a fait puissants. »

1944 *Enter Arsene Lupin*, r. : Ford L. Beebe, sc. : Bertram Millhauser, avec Charles Korvin (Lupin), Gale Sondergaard, Ella Raines. Production : Universal.

Ce film, réalisé par un spécialiste du serial à petit budget, est inédit en France, mais a été diffusé en Suisse sous le titre *Arsène Lupin contre Scotland Yard*.

1945 *Arsenio Lupin*, r. : Ramon Peon, sc. : Antonio Helu d'après *Arsène Lupin contre Herlock Sholmè*s, avec Ramon Pereda (Lupin), Mexique.

1945 *El inspector Victor contra Arsenio Lupin*, r. : Ramon Peon, sc. : Francisco Navarro d'après *Victor de la brigade mondaine*, avec Ramon Pereda (Lupin), Mexique.

Onze années plus tard, c'est le cinéma français qui s'emparera à nouveau du personnage de Maurice Leblanc sans toutefois parvenir à lever la malédiction qui semble frapper les Lupin de pellicule.

1956 *Les aventures d'Arsène Lupin*, r. : Jacques Becker, sc. : Jacques Becker et Albert Simonin, avec Robert Lamoureux (Lupin), Liselotte Pulver, Georges Chamarat, O. E. Hasse, France-Italie.

Le tournage du film fit l'objet d'un article, « Le journal d'Arsène Lupin » écrit par Joseph Lisbona et publié dans la revue *Cinéma 56* n° 13.

Le producteur François Chavane lui proposait une adaptation du *Bouchon de cristal*, mais le réalisateur Jacques Becker préféra écrire un scénario original avec l'auteur de romans noirs Albert Simonin. Dans le journal *Arts*, il devait expliquer qu'il était impossible de transposer fidèlement les romans de Maurice Leblanc sans refaire un de ces films à épisodes des années 1912-1918. Son peu d'affinité avec l'œuvre de Maurice Leblanc (René Gilson dans l'*Anthologie du cinéma* n° 14 [avril 1966] consacrée à Jacques Becker affirme qu'il trouvait les romans de Maurice Leblanc mal écrits et mal construits) explique sans doute que son film ne soit qu'une aimable fantaisie qui est, selon Hervé Dumont, et nous partageons cet avis « une déception de taille. Becker réduit les tribulations de son héros à quelques réjouissantes filouteries, contées sur un mode léger et superficiel ». Quant à Robert Lamoureux, « s'il possède la gaillardise et la sympathie du personnage, il n'en possède nullement l'autorité. »

C'est pourtant Robert Lamoureux qui reprendra, suite au succès public du film de Becker, le rôle du gentleman-cambrioleur.

1959 *Signé Arsène Lupin*, r : Yves Robert, sc. : Jean-Paul Rappeneau, adapt : Yves Robert et François Chavane, avec Robert Lamoureux, Yves Robert, Alida Valli, Jacques Dufilho, Judith Magre, Robert Dalban (Béchoux), Roger Dumas (Beautrelet).

« Les scénaristes se sont donnés la peine de lire l'œuvre de Leblanc et ils ont respecté pieusement tant l'idiosyncrasie que l'univers lupinien... *Signé Arsène Lupin* s'avère l'adaptation de Leblanc la plus acceptable réalisée à ce jour » commente Hervé Dumont.

« Le scénario est composé d'épisodes puisés ici et là dans *L'Aiguille creuse* et quelques autres. Fort bien agencés, ces épisodes finissent par constituer un scénario original. Plein de fantaisie et de drôlerie, enlevé sur un rythme alerte, magistralement interprété, *Signé Arsène Lupin* ne trahit, ni n'édulcore son héros » *Radio Télévision Cinéma* n° 515 du 29 novembre 1959.

1962 *Arsène Lupin contre Arsène Lupin*, r. : Edouard Molinaro, sc. : Georges Neveux en collaboration avec François Chavane et Edouard Molinaro, avec Jean-Pierre Cassel, Jean-Claude Brialy, Geneviève Grad, Michel Vitold, Jean Le Poulain, Françoise Dorléac.

Le scénario de Georges Neveux, auteur dramatique et créateur de la série télévisée *Vidocq*, ne met pas en scène Arsène Lupin, mais deux de ses fils, François de Vierne et Gérard Dagmar, prestidigitateur dans un cabaret et cambrioleur émérite.

« La grande ombre d'Arsène Lupin mort (le film commence par son enterrement) plane sur tout le film. Il est plus présent que mal incarné par un acteur qui ne parviendra jamais, à nos yeux, à s'identifier à lui. » *Radio Télévision Cinéma* n° 660 du 9 septembre 1962

C'est ensuite la télévision qui allait accaparer Lupin pour longtemps. Et ce n'est qu'en 2004 qu'Arsène devait revenir dans les salles de cinéma.

2004 *Arsène Lupin*, r. : Jean-Paul Salomé, sc. : Jean-Paul Salomé et Laurent Vachaud d'après *La Comtesse de Cagliostro*, avec Romain Duris (Lupin), Kristin Scott Thomas (la comtesse de Cagliostro), Pascal Greggory (Beaumagnan), Eva Green (Clarisse).

Réalisateur déjà d'un *Belphégor* contesté, Jean-Paul Salomé n'a pas réussi non plus à briser la malédiction en choisissant Romain Duris pour incarner un Lupin jeune, mais singulièrement fade, écrasé par les deux interprètes féminines remarquables. Un scénario confus qui court plusieurs lièvres à la fois, une surenchère un peu gratuite dans le spectaculaire grâce aux effets spéciaux sont les causes principales de l'échec de la résurrection cinématographique de Lupin au XXIe siècle..

Le lupinien cinéphile en est donc réduit à rêver à la filmographie virtuelle d'Arsène Lupin, à savoir les projets qui n'ont pas abouti : celui de Christian-Jaque avec Gérard Philipe (1953), celui de Jean-

Pierre Melville avec Alain Delon (1971), celui d'André Delvaux avec Roger Van Hool (*Le Collier de Cybilla*, 1972). En espérant qu'un jour, Lupin devienne le héros d'un film qui soit pour son mythe l'équivalent de *La Vie privée de Sherlock Holm*es pour celui du détective du 221 B Baker Street.

Pour être complet, signalons un film allemand qui mettait en scène un cambrioleur du nom d'Arsène Dupin.

1928 *Von tâter fehlt jede Sur,* r. : Constantin J. David, sc. : Victor Abel et Alfred Zeisler, avec Kurt Gerron (Arsène Dupin). Pr. : UFA.

Référence : Hervé Dumont « Arsène Lupin à l'écran » *Travelling* n° 49, printemps 1977, Cinémathèque suisse.

CODE LUPIN

Publié en 2006 par Michel Bussi – qui n'était pas encore devenu un auteur de best-sellers policiers – *Code Lupin* n'est pas seulement l'habillage romanesque [20] d'une « promenade en Normandie dans les pas d'Arsène Lupin ». C'est aussi une sorte de « polar ésotérique » dans la lignée du *Da Vinci code* d'ailleurs explicitement invoqué. C'est surtout, et c'est sa grande originalité, l'inscription de l'imaginaire lupinien dans la géographie, ou plutôt la cartographie, du Pays de Caux.

Code Lupin s'inscrit – c'est le cas de le dire – de belle manière dans les œuvres à contraintes chères à l'Oulipo. Ici il s'agit plutôt de

---

20   par une chaste intrigue sentimentale jointe à une poursuite, elle-même conclue par une retrouvaille sentimentale digne de Ponson du Terrail.

cartographie potentielle : *Code Lupin* donne un sens nouveau à l'art de lire une carte, puisqu'il va jusqu'à discerner dans les méandres de la Seine en aval de Rouen et dans la localisation des manoirs cauchois chers à Maurice Leblanc le patronyme du gentleman-cambrioleur. Si, suivant une formule bien connue, « Arsène Lupin a cambriolé l'histoire de France », *Code Lupin* démontre qu'il a fait aussi main basse sur la géographie de la Seine-Maritime et, qui plus est, qu'il a signé son forfait.

CONTREPETS

Continuant la tradition de Louis Perceau, de Luc Étienne et de Joël Martin (envers lesquels elle reconnaît sa dette), Maryse Leblond a, dans le n° 14 de *L'Aiguille preuve*, aligné une série de contrepèteries, sous le titre « Arsène Lupin, **m**ythe **ab**oli ». Nous ne citerons que quelques-unes de ces perles pêchées dans l'œuvre de Maurice Leblanc.

« ... il leur fall**ut** enjamber l'espace qui les séparait du qu**ai** » (*Le Triangle d'or*, II).

« À cette minute, le qu**ai** était entièrement désert » (*La Femme aux deux sourires* VI).

« Tu te trouveras dans une **r**u**e** perpendiculaire au qu**ai** » (ibid. XV).

« ... un colosse haut de six pieds par**ut** sortant de l'ombre du qu**ai** (*Les Milliards d'Arsène Lupin*, II).

« Vous voyez les **c**aisses de bois qui ont conservé leur terre ? On les a **f**ouillées » (*L'Agence Barnett et Cie,* III).

« Il frappait la **ti**ge de ses **b**ottes » (*Le Bouchon de cristal,* VII)

« Le **m**aire fendit vivement la **f**oule » (*Les Huit Coups de l'horloge,* III).

« Il se trouvait avec **m**oi dans la **f**oule » (*La Cagliostro se venge,* IV).

« L'É**cl**at d'o**bus** ».

« La **p**orte est trop **m**assive » (*Le Bouchon de cristal,* VIII).

« Il **c**ourt, il **c**ourt, le **f**uret » (*Victor de la brigade mondaine* I).

En 1970, Geoffroy de Beaufort avait composé quelques contrepèteries à l'intention de la *Revue des Études Lupiniennes* :

« Oh scè**ne** du pistolet d'ar**ço**n

Sortant d'un **b**ond de Pierre La**f**itte,

Que n'a-t-on lu **pour**, arrivant à la **m**ain,

Qui, prudemment, **g**oûte à Maurice Le**b**lanc »

📖   Voir OULUPINPO

CULTURE LITTÉRAIRE

Comme son historiographe Maurice Leblanc[21] Arsène Lupin appartient à cette génération où la culture est d'abord classique. Il pratique les auteurs grecs et latins, assurant à Clarisse d'Étigues qu'il est capable de réciter tout Homère en grec (*La Comtesse de Cagliostro*). Dans *813*, il lit Plutarque et annote *La Vie de César*, probablement dans le texte original. En effet, dans la *Revue des Études Lupiniennes*, Jean-Patrick Imbert a montré quel fin latiniste était Arsène Lupin. Non seulement il pratique les *Commentaires* de César – bien utiles pour découvrir la cachette de l'Aiguille –, cite Pline (*L'Île aux trente cercueils*), Marc-Aurèle (*Les Dents du tigre*) et les *Lettres à Lucillius* de Sénèque (*L'Aiguille creuse*), encore pratique-t-il couramment la langue de Virgile, comme en témoignent maintes locutions dont il émaille ses déclarations. *Morituri te salutant* : ainsi s'adresse-t-il à la « Nature immortelle et bénie », à la « splendeur des choses », lors de son plongeon pas tout-à-fait final à Capri (*813*). *Doctus cum libro*, *Is fecit cui prodest*, *De profundis* : Lupin utilise des locutions qu'on pourrait croire extraites des pages roses du *Petit Larousse* si on ne remarquait, avec Jean-Patrick Imbert, que Lupin était capable « de subtils rapprochements [...] entre les termes « Aurelle » et « aurum », « Juvans » et « Juvenia » qui lui permirent de découvrir l'or du Proconsul dans *La Barre-y-va* et la Fontaine de Jouvence dans *La Demoiselle aux yeux verts*. À l'occasion, Lupin se permet, dans *Le Triangle d'or*, un jeu de mots sur un célèbre vers d'Horace (*Carpe sumum*).

---

21 D'après la biographie de Jacques Derouard, Maurice Leblanc eut le 4e accessit de latin à la fin de la classe de rhétorique (1881). En 1882, c'est en latin qu'il obtint sa meilleure note lors des épreuves écrites de la seconde partie du baccalauréat.

Et Jean-Patrick Imbert de remarquer que le patronyme « Luis Perenna » adopté un temps par le gentleman-cambrioleur ressuscité n'est pas une simple nécessité anagrammatique. Féru de mythologie[22], Lupin, note-t-il, « ne pouvait manquer de faire le rapprochement entre sa propre expérience et celle de la sœur de Didon, Anna. Celle-ci, selon Ovide, effrayée par la jalousie de Lavinia, se serait précipitée dans les eaux du Numicius, près de Rome, pour en ressortir sous la forme d'une nymphe et parée du titre de "Perenna". Chez Lupin comme chez Anna, en effet, même désespoir, même tentative de suicide par noyade, même issue heureuse [...] Par l'adoption de ce pseudonyme donc, il proclame, comme il aime à le faire, d'une manière obscure et transparente à la fois, son identité à la face du monde ».

Quant à la mythologie biblique, malgré son agnosticisme foncier, Arsène Lupin est capable, note Hervé Lechat[23], d'opposer les « visions délirantes d'un Jérémie ou d'un Ezechiel » aux platitudes des vers du Frère Thomas, moteur de *L'Île aux trente cercueils*. Dans *Les Dents du tigre* (II, 8) il cite les noms de Josué et de Job. S'afficher « pauvre comme Job » relève certes du lieu commun plutôt que de l'érudition scripturaire. En revanche, dans la pièce en un acte *Une aventure d'Arsène Lupin*, celui-ci s'adresse en érudit à un des complices de sa bande :

---

22 comme en témoigne sa dissertation sur « Le Dieu Mercure » dans *Les Huit coups de l'horloge*.

23 « Les Lectures d'Arsène Lupin » (*Bibliothèque énigmatique* n° 15).

« LUPIN – Ah ! dis donc, occupe-toi de ton échelle, Jacob !

LE COMPLICE – Pourquoi m'appelez-vous Jacob ?

LUPIN – Tu ne comprendrais pas. »

Familier des langues mortes, Arsène Lupin est aussi polyglotte. Il lit Milton en anglais, comme Homère en grec (*La Comtesse de Cagliostro*) ; en prison, dans *L'Arrestation d'Arsène Lupin*, il annote *Le Culte des héros* de Carlyle et l'édition allemande du *Manuel* d'Epictète ; il parle l'allemand (cf *813* II 2 II), le russe, et affirme « connaître le turc comme sa poche » (*Gants blancs, guêtres blanches*). Il comprend « l'espagnol mâtiné de javanais » (*Thérèse et Germaine*).

Lupin pratique la littérature étrangère : outre Carlyle et Milton, il connaît Shakespeare : dans *La Demeure mystérieuse*, il compare Béchoux à Polonius, personnage d'*Hamlet*. Il cite *Le Scarabée d'or* d'Edgar Poe. Il connaît les mots historiques du Kaiser dans *813* (II 8 IV) (« La poudre sèche et l'épée aiguisée »). Dans la pièce *Arsène Lupin,* au début de la scène VIII de l'acte IV, il s'exclame en brandissant une bombe : « Tragediante ! » puis, la reposant : « Comediante ! ». Dans *Le Figaro* du 18 juin 2015, Adrien Goetz signale que ces célèbres exclamations du pape Pie VII s'opposant aux exigences de Napoléon ont sans doute été inventées par Alfred de Vigny dans *Servitude et Grandeur militaire.*

C'est peut-être de là que Lupin tire sa citation, car c'est un fin connaisseur des auteurs français du XIXe siècle, qu'il connaît mieux que ceux du XVIIe. Molière est évoqué par un « Voilà pourquoi, cher monsieur, votre fille est sourde », écho du *Médecin malgré lui*, et fugitivement Corneille (« Prends un siège, Octave ! » intime-t-il à son chauffeur dans *813* [II IV]. En revanche, il s'avère familier de Balzac *, Dumas*, Chateaubriand [*L'Île aux trente cercueils* II, 4].

Lupin connaît aussi des auteurs bien oubliés aujourd'hui : dans *Arsène Lupin contre Herlock Sholmès*, son exclamation « Adieu ma chambrette ! » se réfère à *La Croix de Berny*, ouvrage collectif écrit en 1868 par Delphine de Girardin, Théophile Gautier, Jules Sandeau et Joseph Méry. Il ne dédaigne nullement les auteurs « mineurs », citant Eugène Sue dans *Les Dents du tigre* et expliquant dans *Les Milliards* au petit Rodolphe pourquoi il le baptise « Prince ». Mais peut-on considérer l'auteur des *Mystères de Paris* comme un auteur « mineur » ? Lupin, de même, est amateur d'opérettes : dans *Le Bouchon de cristal*, il chantonne un air des *Cloches de Corneville* : « Va petit mousse, où le vent te pousse » et il enchaîne en fredonnant la célèbre comptine « Bon voyage, monsieur Dumollet ».

Arsène Lupin pratique les poètes comme l'a bien montré Maître Audigat dans « Comme dit le Poète » [*L'Aiguille preuve* n° 9]. Hugo, bien sûr : « Donne-lui tout de même à boire s'il a soif » s'exclame-t-il dans *L'Île aux trente cercueils* et, à la fin de *813*, il fait un bel alexandrin à la façon du grand Victor : « La main d'un empereur n'a pas plus de cinq doigts ». Dans *La Demoiselle aux yeux verts*, il cite le titre d'un chapitre des *Misérables*, « Une tempête sous un crâne ».

Dans *Les Jeux du soleil*, Lupin cite *Lucie* : « Plantez un saule au cimetière/J'aime son feuillage éploré », passage qui sert d'épitaphe à la tombe de Musset au cimetière du Père-Lachaise. À la fin des

Dents du tigre, il cite d'Hérédia « Villula » du recueil *Les Trophées* :
« Et dans mon potager foisonne le lupin ». S'il déprécie Amable
Tatsu, dans *La Demoiselle aux yeux verts*, Lupin, mine de rien et
sans guillemets, parle de « divans profonds comme des tombeaux »,
ce qui est emprunté à Baudelaire [« La Mort des amants »]. Hervé
Lechat nous paraît forcer un peu le trait quand il entend dans « Gorgeret a le cou coupé », prononcé par Lupin dans *La Femme aux
deux sourires*, un écho du dernier vers de « Zone » qu'Apollinaire
termine par « Soleil cou coupé ».

Arsène Lupin ne cite donc pas toujours ses sources. À la fin de *La
Comtesse de Cagliostro* [ch XII], Raoul d'Andrézy, sommé par Joséphine Balsamo de lui révéler l'emplacement du trésor des moines,
décide d'écrire la formule « Ad lapidem currebat olim regina ». Il
le fait au crayon, sur une carte de visite, non sans avoir auparavant
plastronné : « Garçon, de quoi écrire ! Du papier de paille fine,
une plume de colibri, le sang d'une mûre noire et, comme écritoire,
l'écorce d'un cédrat, ainsi qu'a dit le poète ». Maître Audigat [op.
cit.] a montré que le poète en question était Louis Bouilhet, condis-
ciple et ami de Flaubert. Arsène Lupin a composé un centon à partir
de quelques vers de *Festons et astragales* publié en 1859.

Resterait à examiner « Arsène Lupin poète ». Une autre entrée
du présent dictionnaire montre l'attention portée aux allitérations et
aux rimes de situation au cours de ses aventures.

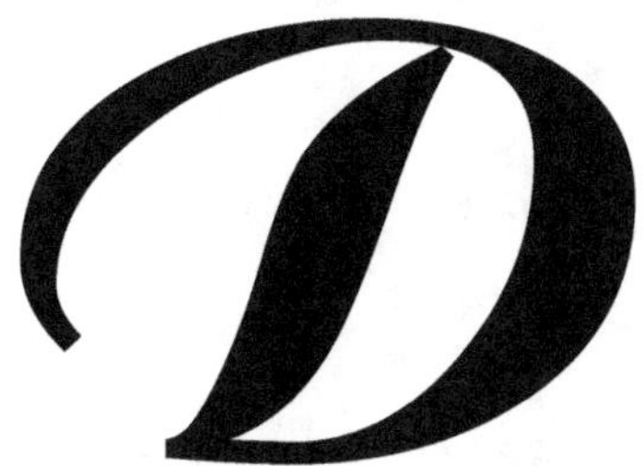

DÉCALOGUE

Dans ses « Éléments pour une étude comparative des imitateurs, émules et épigones d'Arsène Lupin », parus dans la *Revue des Études lupiniennes* et repris dans le n° 604-605 d'*Europe*, Michel Lebrun a dressé une Table des dix commandements auxquels l'imitateur de Lupin doit s'efforcer d'obéir.

1) Gentleman toujours resteras, dimanche et fête mêmement.

2) Escroc, cambrioleur seras, mais toujours sympathiquement.

3) Bandits et canailles dépouilleras, mais jamais les honnêtes gens.

4) Tes forfaits tu signeras, d'un bristol très élégamment.

5) Veuve et orphelin défendras, au péril de ta vie souvent.

6) Homicide point ne seras, sauf exceptionnellement.

7) En amour, toujours séduiras, mais souffriras conséquemment.

8) Xénophobe te montreras, ton chauvinisme l'exigeant.

9) Désinvolte et gouailleur seras, jusque dans tes derniers moments.

10) En expert te maquilleras, pour mieux égarer les agents.

DINGUIRARD Jean-Claude (1940-1983)

Lupinologue issu, lui aussi, du cénacle pataphysicien, Régent de Thermosophie (sagesse du lupin) au Collège de « Pataphysique, membre correspondant de l'Oulipopo, Jean-Claude Dinguirard fut encore enseignant à l'Université de Toulouse-Le Mirail. Le n° 27 des *Organographes du Cymbalum Pataphysicum* (1986), qui réunissait nombre de textes écrits par Jean-Claude Dinguirard, constatait :

« Ce n'est pas antinomiquement, mais concurremment que le Régent de Thermosophie mena de front son œuvre pataphysique et son œuvre universitaire. Non pas Dr Jekyll et Mr Hyde, agrégé de grammaire le jour et lupinologue la nuit, mais instillant le sérieux de la Science dans la vanité de l'érudition philologique et, inversement, ouvrant le docte moule vers les univers supplémentaires. À l'occasion, mais à l'occasion seulement, Jean-Claude Dinguirard n'excluait pas le clin d'œil. La plupart du temps, la Science ne se marquait dans son œuvre que par une inflexion indiscernable, sinon par ceux qui savent. Il n'était pas de ceux qui réduisent la « Pataphysique à un répertoire de plaisanteries de commis-voyageur plaqué sur un scientisme foncier ».

Annotateur d'une édition d'*Ubu Roi* parue posthumément (1986) aux éditions Bordas (collection « Univers des lettres »), Jean-Claude Dinguirard, en ce qui concerne le présent ouvrage, fut un défricheur en matière de lupinologie. En témoigne la *Revue des Études lupiniennes* traitée par ailleurs. Le « clin d'œil » auquel faisait allusion le n° 27 des *Organographes* s'y mêlait à l'érudition lupinienne la plus rigoureuse.

Sa chaire de Lupinologie Critique et Administrative fut reprise en 2000 par Jacques Derouard. Depuis 2014, Hervé Lechat seconde celui-ci dans une chaire de Thermosophie Historique et Descriptive.

📖   Voir REVUE DES ÉTUDES LUPINIENNES

DOROTHÉE DANSEUSE DE CORDE

20.35 DOROTHEE DANSEUSE DE CORDE (1)

★★★

A2 - 20.35 : UN NOEL DE MAIGRET (Téléfilm) (p. 103)

FR3 - 20.35 : POTICHE (Théâtre) (p. 107)

Feuilleton en trois épisodes réalisé par Jacques Fansten. Scénario : Michel Favert et Jacques Fansten, d'après le roman de Maurice Leblanc.

Dorothée, l'héroïne de ce feuilleton n'est pas l'animatrice d'Antenne 2, mais la vedette d'une histoire pleine de fraîcheur et de mystère qui s'adresse aussi bien aux enfants qu'aux adultes.

On peut déplorer la programmation. Si le deuxième épisode est diffusé demain, il faudra attendre mercredi prochain pour connaître l'épilogue imaginé par Maurice Leblanc (1864-1941), père du célèbre Arsène Lupin.

Propriétaire d'un cirque ambulant, funambule, Dorothée part à la recherche d'un étrange secret familial et d'un trésor enfoui, accompagnée des quatre enfants qu'elle a recueillis. Toutes les péripéties se déroulent dans le décor naturel de superbes et mystérieux châteaux moyenâgeux.

Au pied de la roulotte, Dorothée (Fanny Bastien) entourée des orphelins qu'elle a recueillis pendant la guerre : Castor et Pollux (Stéphane Drouard et Armand Giordano), Montfaucon (Bruno Bouillon) et Saint-Quentin (Jean-Denis Fillozat).

■ Les « enfants » sont tous des enfants du cirque : Jean-Denis [...] était à passé deux ans à l'école du cirque Gruss. Stéphane et Armand sont à l'école du cirque d'Annie Fratellini.

Bruno Bouillon (8 ans), fait partie d'une famille qui parcourt la France avec son chapiteau.

De cet ouvrage de Maurice Leblanc qu'il a réédité dans le volume IV de l'édition « Bouquins », Francis Lacassin écrit : « un roman sur lequel l'ombre de Lupin ne cesse de planer ; le gentleman-cambrioleur observant de la coulisse Dorothée résoudre la première des quatre énigmes de Cagliostro ("In robore fortuna"), les trois autres l'ayant déjà été par lui-même. »

Est-ce à dire qu'il faut voir en Yolande Isabelle Dorothée princesse d'Argonne, jeune fille de seize ans qui dirige le cirque Dorothée à la tête d'une petite bande d'orphelins de guerre, le pendant féminin d'Arsène Lupin ?

Certes, entraînée dans l'intrigue de ce roman par l'énigmatique « Roborey », le dernier mot prononcé par son père mourant dans un hôpital militaire, elle mènera un véritable jeu de piste à la recherche d'une fortune promise par une vague légende familiale. Et, dans cette course au trésor, elle se révèlera, à l'instar de Lupin, une fort habile déchiffreuse d'énigme, quand bien même le codicille qui est la clé de la fortune lui échappe au profit de son mortel ennemi, Maxime d'Estreicher. Certes, elle exerce sur les jeunes hommes de son entourage une attraction très comparable à celle de Lupin sur le beau sexe.

Mais il est un point non négligeable qui l'éloigne irrémédiablement de l'avatar lupinien : Dorothée est d'une scrupuleuse honnêteté, incapable d'une mauvaise action, et elle en exige autant des quatre garçons de sa bande.

Pour autant *Dorothée danseuse de corde* est un roman d'une grande qualité, qui fait bonne figure aux côtés des grands titres du Canon lupinien.

Ce roman a fait l'objet d'une fort bonne adaptation télévisuelle sous la forme d'un feuilleton en trois épisodes (1 *L'assassin du prince d'Argonne, 2 In robore fortuna, 3 Le Testament du marquis de Beaugreval*) réalisé par Jacques Fansten qui en était également le co-scénariste avec Michel Favart, interprété par Fanny Bastien (Dorothée), Feodor Atkine, Macha Meril et Patrick Fierry. Il a été diffusé sur TF1 en décembre 1983.

Référence : *Le Rocambole* n° 61 : « Maurice Leblanc sans Lupin », hiver 2012.

ÉDITIONS DU CANON LUPINIEN

Après leur première parution en revues (*Je sais tout)* ou dans les journaux (*Le Journal, Paris Soir)*, les œuvres constituant le Canon lupinien ont été publiées en volume chez Pierre Lafitte dans différentes collections (« Les Romans d'aventures et d'action », « Le Point d'interrogation », principalement). Elles furent partiellement rééditées chez Hachette dans la collection « L'Énigme », puis « Le Point d'interrogation ».

Vint ensuite le temps des volumes « omnibus » qui commença avec les rééditions effectuées au « Club du Livre Policier » chez Opta, puis peu après avec l'édition Gallimard-Hachette dont les couvertures blanches s'ornaient des illustrations de la collection « Les Romans d'aventures et d'action ».

En 1962 débuta la parution au sein du « Livre de poche policier » de la totalité du canon lupinien, à l'exception des *Milliards*, qui s'étala sur plusieurs années.

Viendra ensuite l'édition établie par Francis Lacassin en 5 volumes enrichis de nombreux documents pour la collection « Bouquins », chez Robert Laffont, de 1986 à 1988.

Puis c'est « Le Masque » qui publiera la suite lupinienne au catalogue de sa collection des Intégrales entre 1998 et 2000, en quatre volumes, avec des présentations de Jacques Derouard.

Il y eut encore l'édition établie par Jacques Derouard pour les éditions « Omnibus » en trois volumes accompagnés d'un petit livret sur Maurice Leblanc, en 2004-2005.

Il convient d'ajouter à cela quelques publications dispersées à la « Bibliothèque verte » ou aux éditions De Fallois avec *La Comtesse de Cagliostro* illustrée de photos du film de Jean-Paul Salomé, *Arsène Lupin,* en 2004.

Nous n'oublions pas bien sûr les douze volumes de la série « Les Exploits d'Arsène Lupin » parue sous la direction de Francis Lacassin au Cercle du Bibliophile en 1975.

ENFANTS

Dans une étude intitulée « Lupinisme et démographie » [24], Joris-Konrad Karlsberg a recensé neuf épouses d'Arsène Lupin :

1) Clarisse d'Étigues, avec laquelle il se maria en 1894.

2) Angélique de Sarzeau-Vendôme qu'il épousa en 1907. Mais le mariage ne fut pas consommé et Angélique épousa Dieu en secondes noces.

3) Raymonde de Saint-Véran, abattue par Herlock Sholmès en 1909, à l'issue de *L'Aiguille creuse*.

4) Les cinq femmes berbères que Lupin épousa en 1915 et qu'il abandonna par divorce unilatéral.

5) Florence Levasseur, épousée en 1919, puis disparue à une date indéterminée.

Ajoutons que *Le Dernier Amour d'Arsène Lupin* s'achève par une promesse de mariage avec Cora de Lerne.

Lupin eut deux enfants légitimes de son mariage avec Clarisse d'Étigues : une fille mort-née, d'abord ; puis Clarisse mourut en donnant naissance à un fils, Jean d'Andrézy, qui fut enlevé par la Cagliostro. À ces deux enfants légitimes, on peut ajouter deux enfants illégitimes : Geneviève, dite d'Ernemont, née en 1894, et le Prince héritier de Borostyrie conçu hors des liens du mariage en 1930

---

24   étude parue dans la *Gazette des Études Lupiniennes* et rééditée dans le n° 27 des *Organographes du Cymbalum Pataphysicum*, puis dans le n° 1 de *L'Aiguille creuse*.

À ces enfants avérés il faudrait, bien sûr, ajouter la descendance inconnue, issue des multiples liaisons d'Arsène Lupin, notamment lors de l'aventure berbère de 1915, au cours de laquelle J.K. Karlsberg estime que Lupin-Perenna cessa de pratiquer la contraception que Joséphine Balsamo lui avait enseignée en 1894. Lupin pratiqua ensuite une fécondité maîtrisée, planifiée. Désireux d'une descendance titrée, s'il ne put faire aboutir son projet d'Arsène de Bourbon-Condé, il réussit dans la création d'un Prince héritier de Borostyrie.

Le Dernier Amour d'Arsène Lupin laisse entendre que Joséphin et Marie-Thérèse, les plus âgés des enfants de la « Zône » éduqués par Lupin, pourraient avoir été engendrés par celui-ci.

Notons encore que François Raymond* tenait que Dorothée*, la danseuse de corde, était vraisemblablement une fille naturelle d'Arsène Lupin, née lors de sa période d'émancipation de janvier-février 1900, alors que le falot Jean d'Argonne était bien incapable d'engendrer pareil sujet.

Après « les enfants d'Arsène Lupin », il convient d'envisager « Arsène Lupin et les enfants ».

Sherlock Holmes avait ses « Baker Street Irregulars », petite bande de gamins des rues, qu'il utilisait pour l'aider lors de ses enquêtes dans les bas-fonds londoniens. Arsène Lupin ne l'imita que dans sa dernière aventure.

Au début de la saga, les enfants ont un rôle plutôt négatif. Dans

L'Aiguille creuse, la petite Charlotte est complice de la capture du père d'Isidore Beautrelet. Un peu plus tard, le fils de madame de Villemon est utilisé pour réduire sa mère au silence quant au secret de l'Aiguille. La petite taille des enfants leur permet de pénétrer dans des locaux apparemment clos (cf. *Le Collier de la reine* et *Le Bouchon de cristal*). Dans *La Demoiselle aux yeux verts,* c'est le petit complice de Jodot que celui-ci utilisait comme un furet et envoyait à la chasse dans les caves et à travers barreaux et palissades. Lupin essaya de l'arracher au mal, mais l'enfant, trop tôt corrompu, ne put se relever. En général, remarque Jacques Derouard dans *Le Monde d'Arsène Lupin,* « les jeunes enfants [...] sont rarement mis en scène dans les aventures d'Arsène Lupin ».

L'âge venant, Lupin, tel Hugo, se sent venir une vocation grand-paternelle. Dans *Les Milliards*, il prend en affection le petit Rodolphe, le fils de Patricia Johnston. Dans *Le Dernier Amour d'Arsène Lupin*, il se transforme en professeur d'instruction civique et morale, « pédagogue » cherchant à « élever le niveau » (!), « combattre l'ivrognerie et l'oisiveté » (mère de tous les vices...), se substituant dans ce rôle d'éducateur à l'État qui « ne fait rien ».

Si, comme le note Jacques Derouard (op.cit.), Arsène Lupin débuta comme André Gide (« Familles, je vous hais »), il termina comme Joséphine Baker.

📖   Voir : PRÉTENTION (ET RÉSIGNATION)

FONTAN Léo

Il a suffi à Léo Fontan de sept illustrations de couverture pour les éditions Pierre Lafitte (et notamment pour la collection des « Romans d'aventures et d'action » où Maurice Leblanc voisinait avec Gaston Leroux) pour imposer sa vision d'Arsène Lupin : chapeau haut de forme, monocle, visage mince en lame de couteau, regard d'aigle, mains de prestidigitateur. Sept illustrations qui l'ont consacré, selon l'heureuse formule de François Ducos, comme « le portraitiste inspiré d'Arsène Lupin », à savoir les couvertures de *Arsène Lupin gentleman-cambrioleur, Arsène Lupin contre Herlock Sholmès, L'Aiguille creuse, 813, Les Trois Crimes d'Arsène Lupin, Le Bouchon de cristal, Les confidences d'Arsène Lupin.*

Léon Victor Fontan (1884-1965) est né à Donchery dans les Ardennes et si sa carrière d'illustrateur populaire fut brève (mais notable), il s'est surtout fait remarquer dans le domaine du dessin galant, sous son nom ou sous la signature de Fontana. Il a collaboré à de nombreuses revues : *La Vie parisienne, Fantasio, Le Sourire, Paris Sex-appeal, La Baïonnette, Eros*, etc..., a dessiné de nombreuse cartes postales érotiques pour les éditions de l'Estampe, illustré quelques « classiques » de la littérature érotique (*Le Pensionnat de madame Clerval, Chambrières de Haute école*) : une production évoquée dans un article de Françoise Bidault pour la revue *Fascination*.

Mais il a également été affichiste, a réalisé des panneaux décoratifs pour plusieurs paquebots et est considéré comme l'un des plus importants graphistes de l'Art Déco.

François Ducos lui a consacré une notule dans *Le Rocambole* n° 10 (2000) et Daniel Auliac un ouvrage *Léo Fontan, peintre, illustrateur décorateur* chez Publibook en 2004.

📖   Voir ILLUSTRATEURS D'ARSÈNE LUPIN

FREUD Sigmund

Dans le n° 3 de *L'Aiguille creuse* le docteur Christian Perenet a longuement développé une « psychanalyse d'Arsène Lupin ». En juxtaposant diverses parties de sa copieuse étude, le texte ci-après tente de résumer, autant que faire se peut, son analyse. Celle-ci reprend la division classique en trois périodes lupiniennes successives. La première va d'*Arsène Lupin gentleman-cambrioleur* au *Bouchon de cristal*. La période « Don Luis Perenna » qui suit s'achève avec *Les Dents du tigre*. La dernière période, le cycle « Raoul-Arsène » est celle où Lupin est dominé par la comtesse de Cagliostro, qu'il parle de sa jeunesse ou s'achemine vers sa retraite.

1) Dans la première période, faisant une fixation anale, Lupin ne peut résister à ses pulsions et vole sans censure. Il se retrouve en prison, rectum anal où il se complaît : le masochisme anal succède au sadisme anal. L'Œdipe est au centre de l'affaire de *L'Aiguille creuse* où Isidore Beautrelet est un autre Lupin. C'est Lupin en tant qu'Isidore qui est le héros de *L'Aiguille creuse*. C'est lui qui va aller à la recherche des secrets du père, des bijoux de famille, du phallus. L'aventure se termine par une déroute complète : Raymonde est tuée par la censure du surmoi ; l'enfant victorieux ne peut surmonter l'angoisse intolérable de la scène primitive. L'accès à l'Œdipe est encore interdit et Lupin disparaît une première fois, retournant dans la mer-mère, relation fusionnelle qui le rassure.

Dans *813*, bien qu'il ait réussi à fusionner avec le surmoi (n'est-il pas chef de la Sûreté ?), Lupin fait céder un temps le père (cf. la visite du Kaiser à la Santé), mais il ne peut dépasser la rivalité œdipienne comme il ne peut changer le cours de l'Histoire. Il découvre le secret, comme le fit Beautrelet, mais ce n'est qu'un leurre, une cachette vide.

2) Après le séjour en Afrique, un Lupin nouveau a trouvé un meilleur équilibre entre le moi et la réalité extérieure. Maîtrisant quelques pulsions, déployant aussi une puissante énergie libidinale, il sera mieux accepté. Deux fois sauveur (dans *Le Triangle d'or* et dans *L'Île aux trente cercueils*), il est reconnu par la France dans *Les Dents du tigre*. Le jeune et bouillant psychopathe des débuts est devenu un grand bourgeois rangé, heureux en affaires et, enfin, en

amour. Plus besoin d'analité : il peut accéder à une sexualité adulte sans détruire. Il va cultiver son jardin.

3) C'est compter sans la recherche de la mère. Lupin doit aller analyser les affects refoulés en connaissant de nouvelles aventures. Dans le cycle « Raoul-Arsène » la relation à la femme, à la mère, est omniprésente.

La Comtesse de Cagliostro est une aventure œdipienne ; Raoul d'Andrésy passe de l'adolescence à la maturité en rencontrant un substitut maternel, une femme mûre, mais dangereuse, image maternelle castratrice face à des images paternelles faibles ou absentes [25]. Joséphine Balsamo recherche son phallus manquant et désire faire sa chose de cet adolescent. Lupin doit prendre à la mère cette puissance qu'elle se garde pour le maintenir à sa botte. Mais le jeune homme triomphe, ayant lutté à armes égales dès qu'il a pu

---

25 Dans le même numéro de *L'Aiguille creuse*, le docteur Roger Fangesios estime que la Cagliostro fait partie de la catégorie des femmes phalliques, que sa péniche est un pénis, que si elle essaie de s'approprier le trésor des moines c'est parce qu'il s'agit d'un phallus anal. François George qui, dans *La Loi et le phénomène* (p.180), donne une autre « analyse » d'Arsène Lupin, estime que l'Aiguille creuse est double sexe, à la fois pénis orgueilleux, défiant l'assaut des vagues, et vagin secourable, garantissant un sûr asile à l'aventurier. Et il rapproche cette symbolique de celle qu'on trouve dans *L'Agence Barnett* où la cachette inconcevable que la police s'épuise à découvrir est le bâton d'un de ses agents, évidé par un très habile tourneur. L'Aiguille, ajoute-t-il, cumule la puissance phallique et la toute-puissance maternelle ; incastrable et inviolable, elle garantit absolument contre les dangers qui guettent l'être sexué.

François George souligne au passage que l'histoire du *Cabochon d'émeraude*, où une femme cache sans s'en rendre compte une bague de valeur parce qu'elle se méfie inconsciemment de son partenaire, est une remarquable anticipation de *Psychopathologie de la vie quotidienne* que Maurice Leblanc ne pouvait avoir lu en 1930.

introjecter la puissance paternelle. Il existe et peut s'écrier : « Je suis Arsène Lupin ! ». Son accès à l'Œdipe reste précaire, mais il va se construire une série de mécanismes de défense. Cela explique *a posteriori* son narcissisme, son analité, les bases psychiques du gentleman-cambrioleur qui mettra plus de vingt ans à devenir Luis Perenna avant de revivre cet épisode intense. Lupin va aller d'exploits en aventures, s'enrichir, s'affirmer.

Victor voit un vrai-faux Lupin apparaître, perturbant la recherche d'identité d'Arsène Lupin. Celui-ci ne peut plus utiliser ses moyens de défense médiatiques comme à ses débuts, puisqu'il n'existe plus en tant que gentleman-cambrioleur. Il se sent coincé et risque un épisode dépressif intense, voire une remise en cause plus profonde, à la limite de l'effondrement psychotique. Il se remet à voler, signe qu'il a besoin d'images archaïques. Mais il a aussi besoin de trouver des affects plus vrais et plus intenses. Ceci annonce la résolution de la problématique œdipienne.

Avec l'apparition d'un fils dans *La Cagliostro se venge*, Lupin ne peut éviter la malédiction œdipienne, il ne doit plus tenter de refouler. Félicien va bénéficier de la reconnaissance du père qui marie et dote fils et belle-fille.

Le repli poétique et érotique offert par la belle Faustine n'aura qu'un temps. Si Lupin se sent au clair vis-à-vis des images féminines, il doit encore aller chercher son père. *Les Milliards* de la Maffia sont ceux que le père n'a pu saisir. La Maffia, autre mère dangereuse, sera définitivement vaincue. Arsène devient Théophraste, et rien ne laisse présager que ce succès renforce la composante mégalomaniaque. Désormais Lupin sait garder les bons objets psychiques, pas seulement ceux qu'il a dérobés.

Et le docteur Perenet de citer quelques mots de Lupin lui-même, parlant de son fils, de ses enfants spirituels : « C'est peut-être le fils de Clarisse d'Étigues et le mien. Mais est-ce que je tiens beaucoup à le savoir ? Aurais-je, même en cas de certitude, le cœur d'un père ? ». *Le Dernier Amour d'Arsène Lupin* n'était pas connu à l'époque de la communication résumée ci-dessus. C'est à cette lumière qu'il conviendrait d'examiner cette œuvre posthume en n'oubliant pas que Christian Perenet affirmait, au cours de la discussion qui suivait son exposé : « Je pense qu'Arsène Lupin a pu trouver l'équilibre qui lui convenait en renonçant à une activité quelque peu désordonnée en se promenant le long de la mer ou, par exemple, en *dirigeant une association.* » C'est nous qui soulignons.

GANIMARD

Ainsi que l'affirme Jean-Claude Dinguirard, Ganimard est LE policier des débuts de Lupin. « Il n'apparaît que dans la première période, celle que l'on a appelée "l'empire de la brocante" et qu'il conviendrait tout aussi légitimement de nommer le "cycle Ganimard" » précise-t-il dans son étude « Du Ganimard et de son bon usage » (*Revue des études lupiniennes* n° 5). Soit la période qui court de 1905 à 1908.

Ganimard (Justin de son prénom apprenons-nous dans *Arsène Lupin contre Herlock Sholmès*) est un homme aux cheveux grisonnants et à la figure énergique qui contraste avec son habillement et ses allures de petit employé, à la voix rude et à l'accent brusque, qui a une façon un peu cavalière de s'exprimer. Quand il arrête Lupin au bord de la « Provence », c'est déjà un vieux petit homme vêtu d'une redingote vert olive. Mais quoiqu'âgé de 50 ans, il est encore d'une vigueur peu commune ainsi que l'apprend Arsène dans « L'Évasion d'Arsène Lupin ». Il est donc né en 1885.

Il est marié et Arsène Lupin a eu la prudence de placer une complice dans l'entourage proche de Mme Ganimard qui lui raconte tout ce que son mari fait (chapitre 6 de *Arsène Lupin contre Herlock Sholmes*). Les Ganimard ont une femme de ménage prénommée Catherine qui ne mouille pas la poudre de son patron !

Que vaut Ganimard comme policier ? « Ganimard n'est pas un de ces policiers de grande envergure dont les procédés font école et dont le nom restera dans les annales judiciaires. Il lui manque ces éclats de génie qui illuminent les Dupin, les Lecoq, les Sherlock Holmes. Mais il a d'excellentes qualités moyennes, de l'observation, de la sagacité, de la persévérance et même de l'intuition. Son mérite est de travailler avec l'indépendance la plus absolue. Rien, si ce n'est l'espèce de fascination qu'Arsène Lupin exerce sur lui, rien ne le trouble et rien ne l'influence » écrit l'historiographe du gentleman-cambrioleur. Lupin dit de lui qu'il est « notre meilleur détective. Il vaut presque Sherlock Holmes ». Il lui accorde de la finesse et même de l'esprit. À Maurice Leblanc qui lui demande ce qu'il pense de Ganimard, il répond que le vieux policier lui inspire beaucoup d'estime, beaucoup de gratitude, beaucoup d'admiration : « Ganimard possède des qualités très sérieuses, de la décision, de la clairvoyance, du jugement. C'est quelqu'un. » Et il qualifie sa propension à tourner Ganimard en ridicule de mauvaise habitude.

Quels sont, à l'inverse, les sentiments de Ganimard envers Lupin ? S'il peut se targuer d'avoir entretenu d'excellentes relations avec son prisonnier pendant la traversée du retour, il reconnaît par la suite que Lupin l'a souvent joué et lui en a fait voir de toutes les couleurs. Dans l'affaire Jenny Saphir, Lupin le maltraite quelque peu en lui disant : « Comprends que depuis quatre semaines, tu n'es que le bon caniche... Ah ! le bon toutou à son père » et le roule une fois de plus dans la farine. « Lupin lui inspirait un sentiment bizarre et complexe où il y avait de la peur, de la rancune, une admiration involontaire et aussi l'intuition confuse que malgré tous ses efforts, malgré la persistance de ses recherches, il n'arriverait jamais à bout d'un tel adversaire. Il le poursuivait par devoir et par amour-propre, mais avec la crainte continuelle d'être dupé par ce redoutable mystificateur et bafoué devant un public toujours prêt à rire de ses mésaventures. »

Il est de fait qu'après un premier succès, qui lui vaudra d'être nommé inspecteur principal, couronnant plusieurs années d'enquêtes et de traque (Jean-Claude Dinguirard situe leur début vers 1903), Ganimard, qui avait juré d'arrêter Lupin de sa propre main, ne renouvellera pas son exploit. Pas plus dans *Arsène Lupin contre Herlock Sholmès* où le chapitre intitulé « La Seconde Arrestation d'Arsène Lupin » voit le gentleman-cambrioleur lui échapper *in extremis* dans une maison ingénieusement truquée, que dans l'assaut de l'Aiguille creuse où pourtant il dispose de moyens considérables.

Toujours est-il que Ganimard sait reconnaître la main de Lupin. Ne dit-il pas à Beautrelet : « Un coup de Lupin diffère d'un autre coup comme un visage d'un autre visage » et ne reconnaît-il pas dans l'affaire Cahorn que « Seul Lupin est de taille à combiner une machine de cette envergure ». Mais dans « Le Piège infernal », il subodore que « c'est fort comme du Lupin et cependant ce n'est pas du Lupin ».

Entre Ganimard et Lupin se sont tissés, au fil des affaires, des liens d'estime et de respect. S'ils se tutoient dans « Arsène Lupin en prison », ils se vouvoient dans *Arsène Lupin contre Herlock Sholmès*.

Maurice Leblanc ne nous entretient que de la traque acharnée que mène Ganimard à l'encontre de Lupin, mais le policier conduit sans aucun doute d'autres enquêtes avec succès ces fois puisqu'il jouit à l'époque de « L'Écharpe de soie rouge » d'une grande réputation. Et que son supérieur hiérarchique, le directeur de la Sûreté, M. Dudouis, lui fait suffisamment confiance pour le laisser en roue libre, car il sait que « le vieux policier n'est pas du genre à s'emballer sans raison. »

Après *L'Aiguille creuse*, Ganimard disparaît totalement de la saga lupinienne. Que devient-il ? Mis à la retraite d'office après la fuite de Lupin ? C'est peu probable puisqu'il a rempli une bonne part de la mission confiée par l'Élysée : s'emparer de l'Aiguille. Nous ne savons rien de sa vie après 1908.

Aussi peut-on regretter que Maurice Leblanc ait cru bon de le ressusciter dans *Les Milliards d'Arsène Lupin*, où, vingt-cinq ans après l'arrestation d'Arsène Lupin à bord de la « Provence », Ganimard retourne à New York pour tenter d'arrêter Lupin à nouveau : il aurait alors 75 ans ! Et où Lupin lui inflige l'humiliation de le dépouiller de ses vêtements, de le ligoter et de le bâillonner. Sont-ce là des manières de gentleman ?

HERLOCK SHOLMÈS

Herlock Sholmès intervient dans une nouvelle du recueil *Arsène Lupin gentleman-cambrioleur* (« Herlock Sholmès arrive trop tard »), dans *Arsène Lupin contre Herlock Sholmès* (« La Dame blonde », « La Lampe juive ») et à la fin de *L'Aiguille creuse* où il abat Raymonde de Saint-Véran. Dans *813*, il n'apparaît qu'en creux : Arsène Lupin réussit là où Herlock Sholmès a échoué, retrouver la cachette du château de Veldenz.

Herlock Sholmès apparut sous le nom de Sherlock Holmes dans l'édition originale de « Herlock Sholmès arrive trop tard » et dans l'épisode de « La Dame blonde » (*Je sais tout*, juin puis novembre 1906). C'est sur une protestation de Conan Doyle que Maurice Leblanc changea « Sherlock Holmes » en « Herlock Sholmès » et « Watson » en « Wilson », noms qu'il conserva dans les éditions ultérieures.

Herlock Sholmès ou Herlock Sholmes? Dans « L'Accent, c'est grave », (*Aiguille preuve* n° 14), M. Nicole, licencié ès lettres, a disserté sur la présence d'un accent grave sur la dernière syllabe du patronyme. Pour l'expliquer, il émet plusieurs hypothèses.

1) L'hypothèse phonétique : les Français (du moins avant l'invasion récente des mots anglo-saxons remplaçant irrésistiblement leurs équivalents français) prononçaient sans doute Holmaisse et non Olmes. Maurice Leblanc lui-même écrit « Sherlock Holmès » dans sa nécrologie de Conan Doyle parue dans *Les Annales* en août 1930.

2) L'hypothèse orthographique : Grévisse assure qu'en bon français, un mot terminé par « es » au singulier doit prendre un accent grave sur la lettre « e » (abcès, décès, progrès), ceci même pour les mots tirés d'une langue étrangère ignorant l'usage de l'accent (abcès, du grec, cacatoès, du malais, palmarès, du latin). Donc il faudrait Holmès ou Sholmès, malgré l'origine anglaise.

3) L'hypothèse historico-généalogico-maritale : ajouter un accent serait donc une façon de franciser un nom d'origine étrangère terminé par « es ». Ainsi la musicienne Augusta Holmes, née irlandaise à Paris en 1847 et qui épousa Catulle Mendès (version française des patronymes portugais Mendes, Mendez ou Menendez), opta en 1871 pour la nationalité française et, en conséquence, francisa son nom en Holmès. Une des filles d'Augusta Holmès épousa Henri Barbusse qui dirigea, entre 1905 et 1912 le magazine *Je sais tout*, ce qui influença peut-être (peut-être...) Maurice Leblanc pour l'orthographe de Sholmès.

Herlock Sholmes ou Herlock Sholmès, celui-ci est-il bien le même que la créature de Conan Doyle ?

Le *Dico Sherlock Holmes* compilé par Jacques Baudou et Paul Gayot, a montré l'impossibilité de faire coïncider la chronologie de Holmes et la chronologie de Lupin pour les épisodes où se rencontrent les deux hommes. Si la chronologie fonctionne dans « Herlock Sholmès arrive trop tard », où Wilson-Watson est absent et où il n'est pas fait mention de Baker (Parker) Street, il n'en va pas de même pour les deux épisodes « La Dame blonde » et « La Lampe juive » qui ne seraient concevables que si les deux épisodes se déroulaient avant 1903. Or Philippe Radé et André-François Ruaud les situent en 1904-1905 et Francis Lacassin en 1904. Mais surtout, à la date de *L'Aiguille creuse* (qu'on la situe en 1907, 1908 ou 1909), Sherlock Holmes ne pouvait être enlevé à Londres, ayant abandonné sa demeure de Baker Street depuis quatre ans pour résider dans les collines du Sussex. Le *Dico* fait mention d'une hypothèse de K. Kirmu* selon laquelle Sherlock Holmes et Arsène Lupin ne feraient qu'un, Arsène Lupin apparaissant lorsque Sherlock Holmes disparaît (1892-1894, puis après 1903).

Plus récemment, dans *Le Carnet d'écrou* (« revue d'études holmésiennes et autres »), Jacques Fortier s'est penché sur la question en psychologue et physiologiste et non en chronologiste. Il admet l'identité Holmes-Holmès pour la nouvelle, la met en doute pour *Arsène Lupin contre Herlock Sholmès* et la récuse pour *L'Aiguille creuse*. Il rejoint ainsi les considérations fondées sur la chronologie.

Il est vraisemblable que, sauf pour le premier épisode de la rencontre, Maurice Leblanc a fabriqué un Sherlock Holmes pour servir de faire-valoir à son héros. Ce Sherlock Holmes qu'il décrit, justement, rasé dans *Herlock Sholmès arrive trop tard*, est affublé

de favoris roux dans « La Dame blonde ». On ne peut que suivre
Jean Ferry qui y voit la volonté d'opposer alors Herlock Sholmès,
« la brute épaisse à grosses moustaches rousses, l'Angliche tra-
pu en costume à carreaux, la brute envahissante haïe de tous les
garçons bouchers de la capitale » à Lupin « le vaillant coq gaulois,
titi parisien, fleur bleue et fleur au fusil ».

IDENTITÉS D'ARSÈNE LUPIN

« Quand on a choisi la situation sociale que j'occupe, il faut bien se servir de ses petits talents de société. Si Lupin ne pouvait pas être, à sa guise, pasteur de l'Église réformée et membre de l'Académie des Inscriptions et des Belles Lettres, ce serait à désespérer d'être Lupin. »

Arsène Lupin

On sait la science prodigieuse du grime, du maquillage et du déguisement dont fait preuve Arsène Lupin tout au long de ses aventures, sa faculté à assumer de nombreuses identités différentes, parfois sur de longues durées, sa capacité à incarner des individus capables de duper ceux-là même qui le pourchassent sans trêve.

Dès *L'Arrestation d'Arsène Lupin*, Maurice Leblanc nous a prévenus : « Arsène Lupin, l'homme aux mille déguisements, tour à tour chauffeur, ténor, bookmaker, fils de famille, adolescent, vieillard, commis voyageur marseillais, médecin russe, torero espagnol ! »

Si Arsène Lupin montre une prédilection pour les rôles d'homme du monde, il n'en est pas moins capable de se couler dans des moules très divers pour les besoins de la cause, du domestique au clochard.

Dans son essai « Arsène Lupin ou l'habit fait le moine », Francis Lacassin a dressé la liste de toutes les incarnations d'Arsène Lupin : « Quarante-huit identités créées de toutes pièces, seize usurpées pour la circonstance, vingt-quatre silhouettes et dix sobriquets. »

Ce à quoi il faut ajouter aujourd'hui celle utilisée dans *Le Dernier Amour d'Arsène Lupin* : André de Savery, surnommé le capitaine Cocorico.

1) Identités créées de toutes pièces

- Vicomte Raoul d'Andrésy

- Baron Anfredi

- Anquety

- Edouard d'Arbelles

- Arsène Ier empereur de Mauritanie

- Raoul d'Avenac

- Raoul d'Averny

- Marcos Avisto

- Jim Barnett

- Michel Beaumont

- André Beauny

- Guillaume Berlat

- Maxime Bermond

- Jean Daspry

- Paul Daubreuil

- Félix Davey

- Delangle, inspecteur de la Sûreté

- Monsieur Destro Dubreuil

- Baron Jean d'Enneris

- Raoul d'Enneris

- Chevalier Floriani

- Grimaudan, ex-inspecteur de la Sûreté

- Janniot

- Baron de Laureins

- Monsieur Lecocq

- Raoul de Limésy

- Baron Raoul Limézy

- Monsieur Meauny

- Monsieur Nicole

- Péchard

- Don Luis Perenna

- Monsieur Raoul

- Serge Rénine

- Rostat

- Salvator

- Sauvinoux

- Ségenax

- Paul Sernine

- Colonel Sparmentio

- Sylvestre

- Louis Valméras

- Etienne de Vaudreix

- Horace Velmont

- Docteur Vernes

On notera que dans cette liste, Lupin n'hésite pas à emprunter l'identité d'étrangers : Italiens (Anfredi, Floriani), Russes (Rénine, Sernine), Hispano-Péruvien (Perenna), Brésilien (Sparmiento)...

2) Identités usurpées

- Comte Bernard d'Andrésy ou d'Andrezy

- Jacques de Bartut

- Désiré Baudru

- Gérard Baupré

- Colonel Beauvel

- Antoine Bressacq

- Duc Jacques de Charmerace

- Le colonel

- Jacques d'Emboise

- Docteur Géradec

- Victor Hautin, inspecteur de la Sûreté

- Monsieur Lenormand, chef de la Sûreté

- Monsieur Massiban

- Marquis de Relzières

- Maxime Tuillier

- Prince de Virieux

Dans cette liste, figurent les deux identités les plus paradoxales empruntées par Arsène Lupin, dans *813* et *Victor de la Brigade mondaine,* qui le voient quitter sa position de malfaiteur pour celle de policier.

C'est une interrogation sur les identités d'Arsène Lupin lui-même qui a amené Jacques Bens à émettre l'hypothèse d'une trinité lupinienne dans son étude intitulée « Les Trois Grimes d'Arsène Lupin » ; Lupin en qui il voit la conjonction d'un homme du monde, d'un homme de lettres et d'un homme de main.

ILLUSTRATEURS DE LUPIN

Si Léo Fontan, à l'instar de Sidney Paget pour Sherlock Holmes, a fixé l'image d'Arsène Lupin dans l'imaginaire collectif, de nombreux autres artistes ont eu à dessiner le gentleman-cambrioleur. Comme les revues britanniques qui avaient servi de modèle à Pierre Lafitte, *Je sais tout* était très illustré et faisait appel à de nombreux dessinateurs. Ils sont donc nombreux ceux qui reçurent mission d'illustrer les nouvelles et les romans de Maurice Leblanc : Dumond pour « Arsène Lupin en prison », Dumond et A. Cossard pour « Le Mystérieux voyageur », Pezilla pour « Le Collier de la reine », Camoregi pour « Le Coffre-fort de madame Imbert », Macchiati pour « Sherlock Holmes arrive trop tard », Davids et Auguste Leroux pour « La Perle noire ».

A. de Parys sera chargé de « La Dame blonde », « Le Sept de cœur » et « La Lampe juive » ; Mahut de *L'Aiguille creuse*, M. Orazi des *Confidences d'Arsène Lupin*. On trouve les mêmes dessinateurs au générique de *Arsène Lupin contre Herlock Sholmès, L'Aiguille creuse* et *Les Confidences d'Arsène Lupin* pour les illustrations intérieures de l'édition en volume chez Pierre Lafitte en 1916-18.

Les titres ultérieurs, parus d'abord en volume ou en feuilletons ailleurs que dans *Je sais tout* feront appel pour l'édition en volume à d'autres illustrateurs : Marcel Lecoultre (pour *813*), Nemecek (pour *Le Bouchon de cristal*), Roger Broders et Maurice Toussaint.

Mais la première édition en volume d'*Arsène Lupin gentleman cambrioleur* fut dotée en 1907 d'une couverture d'Henri Goussé, puis en 1914 d'illustrations intérieures de Gustave Leroux.

En janvier 1911, pour la réédition dans *Les Heures littéraires illustrées* de « Arsène Lupin à la Santé », c'est Léon Haffner (1881-1972), qui fut quelques années le peintre officiel de la marine, qui campa Lupin.

Lors de la parution en feuilleton dans *Le Journal* du roman *Les Dents du tigre*, chaque livraison s'ornait d'illustrations noir et blanc du dessinateur humoristique Jean Routier, qui donna dans ce même quotidien le *comic-strip Les Aventures de M. Cobaye, citoyen français* sur des scénarios de Gaston de Pawlowski.

Illustrations de Jean Routier

Pour la collection « Le Point d'interrogation » publiée dans les années 30 par Pierre Lafitte, c'est un certain A. Harfort qui signa les couvertures dans un style très différent des précédentes. Au « Livre de poche policier », le choix de l'atelier Pierre Faucheux fut celui du collage (à l'exception des deux premiers volumes où un Lupin stylisé en chapeau haut de forme et monocle figurait.)

L'un des plus beaux portraits d'Arsène Lupin est plus récent : c'est celui du dessinateur de bande dessinée René Follet pour l'édition du *Arsène Lupin* d'Edgar Jepson chez Claude Lefrancq en 1995.

📖   Voir LÉO FONTAN

JACOB Alexandre

Une opinion tenace veut que Maurice Leblanc se soit inspiré de l'anarchiste Alexandre Jacob pour créer le personnage d'Arsène Lupin. Cette opinion fut soutenue par Alain Sergent dans *Un anarchiste à la Belle Époque* (1950). Elle fut reprise par les autres biographes d'Alexandre Jacob, Bernard Thomas et William Caruchet, ainsi que par Antoinette Peské et Pierre Marty dans ce qu'on peut considérer comme la première étude sur Maurice Leblanc, recueillie dans *Les Terribles* (1951). En 1964, Alain Sergent écrivit pour la revue *Historia* un texte sur Alexandre Jacob « L'Homme qui servit de modèle à Arsène Lupin ». Cette assimilation d'Alexandre Jacob à Arsène Lupin repose d'abord sur une concordance chronologique : dans le n° 3 de *Je sais tout* paraissait, le 15 avril 1905, le compte-rendu du procès d'Alexandre Jacob au tribunal d'Amiens. Or c'est dans le n° 6 du même *Je sais tout* que, le 15 juillet 1905, naquit le personnage d'Arsène Lupin dans « L'Arrestation d'Arsène Lupin », nouvelle qui sera reprise dans *Arsène Lupin gentleman-cambrioleur*.

Certes, Maurice Leblanc ne « couvrit » pas le procès comme il le fit pour l'affaire de la bande à Bonnot*, mais il ne pouvait ignorer le cas d'Alexandre Jacob.

Il est aisé par ailleurs de souligner les similitudes entre Jacob et Lupin. Alexandre Jacob se vantait de disposer de 200 états civils ; comme Lupin avait son journal, *L'Écho de France*, Alexandre Jacob finançait *Germinal*. Il innovait dans les procédés de cambriolage : lors de celui de la bijouterie Bourdin, rue Quincampoix, en octobre 1901, il utilisa la méthode du parapluie qui sera immortalisée par Jules Dassin dans le film *Du rififi chez les hommes*. Comme Lupin qui déposait sa carte, Jacob signait ses méfaits « Attila ». Découvrant que le propriétaire d'un château était très endetté, Jacob eut la délicatesse de repartir les mains vides. S'apercevant que l'enseigne de marine Viaud n'est autre que Pierre Loti, il renonça à lui dérober ses objets d'art chinois et lui laissa un mot respectueux. En prison Arsène Lupin lisait Plutarque et annotait *La Vie de César*, au bagne Alexandre Jacob étudiait Malebranche.

Ce nonobstant, cette identité Jacob-Lupin, si elle séduit les Jacobites, ne convainquit guère les Lupiniens. François George la récuse dans *La Loi et le phénomène* et Jacques Derouard la qualifie de « légende », née postérieurement à la mort de Maurice Leblanc. Ils sont rejoints par Jean-Marc Delpech qui, en 2006, consacra une thèse de doctorat à Alexandre Marius Jacob. *L'Aiguille preuve* n° 14 en a publié les conclusions : « Pour en finir avec Jacob ». Jean-Marc Delpech a beau jeu de souligner que, si Alexandre Jacob est resté fidèle à ses convictions après sa libération du bagne et jusqu'à sa mort [26], Arsène Lupin, qui, dès l'affaire de *Édith au cou de cygne*, affichait avoir « l'âme d'un conservateur [...] les instincts d'un petit rentier et le respect de toutes les traditions et de toutes les autorités », s'avéra excellent patriote et finit policier lui-même. Ce faisant, il reflète l'évolution de Maurice Leblanc qui, anarchisant à la fin du XIXe siècle s'avéra patriote à tous crins vingt ans plus tard, semblable en cela à la plupart de la génération symboliste, tel Rémy de Gourmont qui, sous les lazzis de Léautaud, passa du « Je ne donnerai pas mon petit doigt pour ma patrie, c'est celui qui me sert à secouer la cendre de mes cigarettes » au « C'est beau la solidarité ! » après l'« élan » patriotique d'août 1914.

On laissera le mot de la fin à Jean-Claude Dinguirard qui, rendant compte dans la *Revue des Études Lupiniennes* du livre de Bernard Thomas sur Alexandre Jacob, notait : « En faisant grief à Leblanc de s'inspirer de Jacob et à Lupin de ne pas ressembler à celui-ci, il souligne combien l'essentiel d'Arsène est indépendant de l'accident Leblanc ».

---

26 Jean-Marc Delpech (op.cit.) signale qu'au cimetière de Reuilly dans l'Indre, où Alexandre Jacob finit ses jours en se suicidant (ce que Lupin ne se résolut pas à faire), une association avait fait apposer une pancarte annonçant « la tombe d'Arsène Lupin ». Aujourd'hui, une plaque plus prudente prévient qu'« ici repose Marius Alexandre Jacob, peut-être Arsène Lupin ».

KIRMU K. († 1970)

On a parfois bien voulu considérer que l'étude de K. Kirmu sur les rapports entre Holmes et Lupin, parue dans le n° 2 des *Subsidia Pataphysica* fut un point de départ pour le renouveau des études lupiniennes en France. Et d'abord parce qu'elle fut le big bang qui engendra la *Revue des Études lupiniennes*. Outre ses exégèses holmésologiques, Kirmu publia une étude « structurale » sur *L'Aiguille creuse* dans ladite *Revue des Études Lupiniennes* (n° 1-0, 1970) et, sous un pseudonyme transparent, une lecture politique du chef-d'œuvre de Maurice Leblanc (« De quelques évènements récents analysés à la lumière du secret de *L'Aiguille creuse* ») dans le n° 1 de cette même revue en 1968, texte repris dans le n° 2 d'*Énigmatika.* « Kirmu, celui qui déniche » concluait lapidairement son oraison funèbre, prononcée en 1971. K. Kirmu était membre de la *Sherlock Holmes Society of London* et de la *Société fermière des études lupiniennes.*

Voir : SOCIÉTÉ DES ÉTUDES LUPINIENNE

LACASSIN Francis (1931 — 2008)

La contribution de Francis Lacassin à la lupinologie a été primordiale. En 1975, il a dirigé pour le Cercle du Bibliophile une collection intitulée « Les exploits d'Arsène Lupin » qui comptait douze volumes.

« Même incomplète, cette édition bénéficiait de deux atouts : l'appareil critique et quelques inédits qui avaient échappé jusqu'ici à l'attention de tous les lupiniens : *Le Cabochon d'émeraude* (une enquête de Jim Barnett), *L'Homme à la peau de bique* (pastiche de *Double meurtre dans la rue Morgue*) et une comédie en un acte. » (Francis Lacassin, *Mémoires : Sur les chemins qui marchent*, éditions du Rocher, 2006, p. 138-139).

Quant à l'appareil critique, il se composait d'un recensement des diverses identités d'Arsène Lupin (Arsène Lupin ou l'habit fait le « Le Malfaiteur », « Le Justicier », « Au service de la France », « Un mort qui se porte bien », « Derniers feux », « Arsène Lupin journaliste » et « Dans l'ombre d'Arsène Lupin : Maurice Leblanc »).

S'il éprouva quelque frustration à n'avoir pu donner l'intégrale d'Arsène Lupin dans cette édition, il y gagna l'estime de Claude Leblanc. Et il devait mener à bien dans la collection « Bouquins » de 1985 à 1988 l'édition complète dont il rêvait.

« Les trois premiers volumes recueillaient la totalité des aventures d'Arsène Lupin, y compris les trois inédits que j'avais retrouvés en 1975. Un quatrième volume rassemblait les cinq pastiches réalisés par le tandem Boileau-Narcejac et deux curiosités : l'essai de Valère Catogan *Le Secret des rois de France* et *Les Milliards d'Arsène Lupin*. Notre cinquième et dernier volume était consacré aux rivaux d'Arsène Lupin, à des romans ou à des personnages parfois reliés à sa saga personnelle par les quatre énigmes de Cagliostro. » (Francis Lacassin, idem, p. 300)

Cette édition « Bouquins » comportait des préfaces à chaque tome et de nombreux documents, notamment des articles et des contes de Maurice Leblanc lui-même.

Mais la contribution de Francis Lacassin, qui collabora à la *Revue des études lupiniennes* (n° 2), à la lupinologie ne se limite pas à ce remarquable travail éditorial. Il faut citer aussi l'essai consacré à Lupin dans ses *Mythologies du roman policier* : « Arsène Lupin ou le vice (presque) toujours récompensé ». Et l'article qu'il donna dans le *Magazine littéraire* d'août 1968.

On ajoutera que ce service d'exégèse et de compilation exhaustive rendu à Maurice Leblanc, Francis Lacassin, qui fut, en outre, critique de cinéma et fonda le Club des bandes dessinées, l'a effectué aussi pour bien d'autres auteurs – de Léo Malet à Boileau-Narcejac en passant par Stevenson, Kipling ou Jack London dans les collections « 10/18 », « Bouquins » et « Omnibus ».

LEBLANC Maurice

Ce n'est pas de Maurice Leblanc, auteur de la saga d'Arsène Lupin et de maintes autres œuvres, dont il va être question. Il suffit pour cela de renvoyer à l'insurpassable biographie de Jacques Derouard.

Il est un autre Maurice Leblanc : le Maurice Leblanc personnage des romans de Maurice Leblanc, agent littéraire d'Arsène Lupin, qui est aussi son Watson ou plutôt son Van Dine. Beaucoup moins présent que l'agent littéraire de Sherlock Holmes, Maurice Leblanc intervient cependant davantage que le comparse de Philo Vance. Dans « Le Sept de Cœur », il révèle les circonstances qui l'ont amené à devenir le confident de Lupin. Il s'adresse au lecteur dans « Le Collier de la reine » ou dans *Arsène Lupin contre Herlock Sholmès*. Il dialogue parfois avec Arsène Lupin, comme dans « Les Jeux du soleil » dont l'action débute au domicile de Leblanc.

Fréquentes dans les œuvres publiées avant la guerre, les interventions de Maurice Leblanc se raréfient après le conflit : elles se réduisent à quelques allusions dans *Les Dents du tigre, Les Huit coups de l'horloge* et *L'Homme à la peau de bique* (publié en France en 1927, mais dont l'édition originale en anglais est de 1912). Il fait encore une apparition dans *La Demoiselle aux yeux verts*.

Après guerre la narration devient « neutre ». En témoigne le chapitre XII de *La Comtesse de Cagliostro* où il est dit : « Quand Arsène Lupin racontait cet épisode » et non « me racontait ». Dans *La Barre-y-va*, et dans *La Femme aux deux sourires*, Lupin « raconte », « avoue », mais à la cantonade et non plus à son historiographe.

La charnière est peut-être *813* où le « je » censé être Maurice Leblanc ne fait que deux fugitives apparitions, au début du deuxième chapitre et en II, 7. Bernard Queyssane, qui tourna *Un homme qui dort* avec Georges Perec et qui prépara un vidéofilm sur Maurice Leblanc, remarquait que, dans ce roman, l'ennemi de Lupin, le mal absolu, se dissimulait sous les initiales L.M. (Léon Massier, Louis de Malreich, Lætitia de Malreich), ce qui est une inversion des initiales de Maurice Leblanc, inversion doublée d'une autre inversion : L.M. est une femme alors qu'Arsène Lupin croyait qu'il s'agissait d'un homme [27]. Pourtant, on peut jouer à imaginer que, consciemment ou inconsciemment, Maurice Leblanc commença, dès *813*, à éprouver le besoin de liquider un héros bien encombrant pour quelqu'un qui ambitionnait de marcher sur les traces de Balzac et de Maupassant. Mais il renonça finalement à suicider son héros : L.M. est tué par Arsène Lupin, mais pas encore Maurice Leblanc qui apparaît comme interlocuteur de Lupin dans *Le Bouchon de cristal*, *Les Confidences d'Arsène Lupin* et quelques récits publiés après guerre, mais dont l'action peut être située avant 1914. Maurice Leblanc s'éclipse définitivement après *La Demoiselle aux yeux verts*. Dans *La Cagliostro se venge*, c'est Lupin qui parle de Leblanc en préface. La créature a pris le dessus sur le créateur.

---

27 Dans le n° 10 de la *Revue des études lupiniennes*, l'hypothèse a été émise que ces initiales L.M. avaient été inspirées à Maurice Leblanc par le pseudonyme sous lequel Pascal avait publié ses *Provinciales* : Louis de Montalte.

Un complément à ce survol des apparitions de Maurice Leblanc dans le cycle des aventures d'Arsène Lupin serait l'étude du « Je » lupinien, des récits écrits à la première personne par Lupin. On sait que Sherlock Holmes relata directement, sans le secours de Watson, deux de ses aventures (*La Crinière du lion*, *Le Soldat blanchi*). Si on excepte les fragments inédits de ses mémoires cités dans *La Demeure mystérieuse*, Arsène Lupin ne prend lui-même la plume pour un récit à la première personne que dans « Le Mystérieux Voyageur ». Le cas de « L'Arrestation d'Arsène Lupin », premier récit du cycle et d'*Arsène Lupin gentleman cambrioleur*, est à part. La chute (qui devance de loin celle du célèbre roman d'Agatha Christie, *Le Meurtre de Roger Ackroyd*) implique un récit à la première personne. La décision de donner une suite à cette aventure impliqua une conclusion, conclusion rajoutée (elle ne figure pas dans l'originale de *Je sais tout*) où il apparaît qu'Arsène Lupin ne s'exprimait à la première personne que parce qu'il s'adressait à Maurice Leblanc. L'artifice de narration implique alors l'intervention d'un autre narrateur.

LEBRUN Michel († 1996)

Prolifique auteur de romans policiers, critique et historien du genre, membre de l'Ouvroir de Littérature Policière Potentielle, collaborateur de la *Revue des Études lupiniennes*, Michel Lebrun fut un lupinologue averti. En témoigne une nouvelle peu connue, publiée en 1955 dans une éphémère collection de science-fiction (« Série 2000 », aux éditions Métal). Réédité en 1982 par la Maison de la Culture de Reims, *Ma vie est un roman* fut alors précédé d'une préface qui affirmait notamment :

« Il s'agit, si l'on veut, d'anticipation (l'action est censée se passer en 1960), voire de science-fiction, genre alors balbutiant en France (tout au moins sous sa forme moderne et sous cette étiquette), d'une histoire d'univers parallèles. Il s'agit aussi bien d'un récit fantastique, d'une histoire de possession qui n'aurait pas déplu au spiritualiste Conan Doyle, non plus qu'à Maurice Leblanc dont la légende veut qu'il ait fini par croire, sur ses vieux jours, à l'existence de son héros. On peut encore considérer cette longue nouvelle comme un "abyme" borgésien (ou, moins prétentieusement, helzapoppinien), abyme où héros de fiction, héros censés réels, auteurs dans la fiction et auteur de la fiction (voire fiction de l'auteur) finissent par se dissoudre dans la seule réalité qui est le TEXTE. On voit que Julia Kristeva et les salons telquelistes n'ont rien inventé.

René Paulins, le héros de *Ma vie est un roman*, ne s'incarne pas en Lupin : c'est Lupin qui s'incarne en lui (et, comble du comble, à un moment, Lupin déguisé en Holmes ou en Sholmès). Les lupinophiles ne manqueront pas de remarquer que, ce faisant, Arsène Lupin reste fidèle à sa méthode des anagrammes. La lettre est la seule réalité : on est toujours rejoint par son nom. »

LITTÉRATURE (Lupin dans la)

En ce domaine, Jean-Paul Sartre est le plus célèbre thuriféraire d'Arsène Lupin. N'a-t-il pas écrit dans *Les Mots* : « J'adorais le Cyrano de la pègre, Arsène Lupin, sans savoir qu'il devait sa force herculéenne, son courage narquois, son intelligence bien française, à notre déculottée de 1870 ». Dans les *Cahiers pour une morale*, Sartre fait intervenir Lupin dans un débat institué avec Trotski sur la morale révolutionnaire : « Qui ne louera pas, au nom même de la morale chrétienne, le fait de se donner aux opprimés comme faisaient les mythiques chevaliers errants du moyen-âge, ou Florence Nightingale, ou même Arsène Lupin ». Patrice Bernard le rappelle dans son étude « Arsène Lupin et Nekrassov » parue dans le n° 9 de *L'Aiguille preuve*. Il y montre la filiation – explicite de la part de Jean-Paul Sartre – entre Georges Valéra, le héros de *Nekrassov* et Arsène Lupin.

De « Jean-Sol Partre » à Boris Vian, il n'y a qu'un pas. Le n° 2 de la *Revue des Études Lupiniennes* reproduisait un fragment de *Tête de méduse*, pièce de théâtre de Boris Vian où est évoqué un personnage, André Dupont, qui prend les pseudonymes de Raoul d'Andrésy, Jim Barnett et Luis Perenna.

Le n° 10 de la même *Revue des Études Lupiniennes* a scruté toutes les allusions aux aventures d'Arsène Lupin qu'on peut trouver dans le roman *Adieu Sidonie* de Jacques Bens*.

Julien Gracq, lui aussi, était un admirateur d'Arsène Lupin. Dans le n° 6 de *L'Aiguille preuve*, Hervé Lechat a relevé les allusions au gentleman-cambrioleur et à Isidore Beautrelet dans les *Carnets d'écrivain* de l'auteur du *Rivage des Syrtes*. Pour celui-ci, la « Belle Époque » était symbolisée « aussi bien dans les poèmes d'Apollinaire que dans la gouaille d'Arsène Lupin » ou dans le canotier de Maurice Chevalier. Et Julien Gracq de considérer par ailleurs que « l'ascenseur d'Arsène Lupin crève le toit et débouche en plein sublime », ce qui est renvoyer au roman-feuilleton collectif *Ful-*

gur [28] où, dans la montée de la Tour Eiffel « l'ascenseur arriva au troisième palier et ne s'arrêta pas ».

On peut enfin rappeler un curieux cas de « plagiat par anticipation » décelé par Jacques Rolland de Renéville dans le n° 10 de la *Revue des Études lupiniennes*, la présence d'un Arsène Lupin dans... le *Journal* de Kierkegaard !

LUPINITIÉ

Plus que Gaston Leroux, plus que Jules Verne, Maurice Leblanc a été classé ésotériste, scruté en tant que « grand initié » et « supérieur inconnu ». Il a été relié aux grands thèmes chers au tenant du « réalisme fantastique » : le graal, les templiers, le trésor de Salomon, Nostradamus, Saint-Sulpice et le méridien zéro, la kabbale, les Mérovingiens et, reliant le tout tant que faire se peut, les mystères de Rennes-le-Château.

Plusieurs ouvrages développant cet aspect du mythe lupinien sont faits avec peu de chose. Ainsi cet autre « Attila des guillemets » qu'est Michel Vital-Lebossé dont le *Arsène Lupin et Cagliostro* [29] est composé à 90 % de citations de *La Comtesse de Cagliostro*.

Certaines de ces exégèses qui se placent sous l'égide d'Arsène Lupin parlent surtout d'autre chose. Ainsi Guy Tarade et Christophe Villa Mélé, dans *Arcane 10 — Les Secrets initiatiques de Rouletabille et Arsène Lupin* [30], traitent certes du trésor d'Alaric, de l'arche

---

28   *Fulgur* (Julliard, 1992).
29   Éditions de Neustrie, 1986.
30   Oxus, 2004.

d'alliance, de Bugarach et de Rennes-le-Château, des ovnis, d'Otto Rahn, de l'abbé Boudet, de René Guénon et des *Bergers d'Arcadie,* mais, sur les 187 pages de leur étude, ils ne consacrent que cinq lignes à *La Demoiselle aux yeux verts,* à propos d'une allusion à Cimiez, et cinq autres lignes à *Herlock Sholmès arrive trop tard* à propos d'un abbé Gélis, homonyme du familier des abbés Boudet et Saunière qui fut assassiné le 1er novembre 1897 à Coustaussa.

Les deux volumes qu'Alexandra Schreyer a consacré à *Jules Verne et Arsène Lupin* [31] s'intéressent surtout au premier qu'elle relie au second par divers expédients. Ainsi, lorsque dans *La Demoiselle aux yeux verts,* Arsène Lupin affirme « les secrets sont mon rayon » elle y voit une allusion évidente au *Rayon vert* de Jules Verne. On note quelques pimpantes anagrammes (ou à peu près) : ARSÈNE LUPIN = SAUNIÈRE.LP ; RADICATEL = ARCADIE.LT. Ou encore des enchaînements foudroyants. Ainsi de SAITAPHARNES (la célèbre tiare recélée dans l'Aiguille creuse) on passe à HÉPHAISTOS qui façonna Pandore, sorte de golem. Or GOLEM est l'anagramme (exacte pour une fois) de Gomel, patronyme d'un complice d'Arsène Lupin.

La méthode est poussée à son apex par Richard Khaitzine. Dans *La Langue des oiseaux. Quand ésotérisme et littérature se rencontrent* [32], l'auteur décèle, au long de la geste lupinienne, diverses allusions à Fulcanelli. Il remarque ainsi que, dans *L'Arrestation d'Arsène Lupin,* ce dernier navigue en compagnie d'une Nelly Underdown. Il aurait donc pu dire (certes il ne le dit pas, mais, certes, il aurait pu le dire) : « J'aurais voulu que ce *fût le cas* pour *Nelly* ».

---

31 Éditions Ramuel, 1999.
32 Éditions Dervy, 1996.

Et Richard Khaitzine retrouve le nom du Maître dans ce qu'il estime être un rébus crypté au sein d'un passage des *Dents du tigre* (chapitre VI).

> « *Il était six heures* (6 correspond à la lettre F) *quand il rentra. Le brigadier et lui dînèrent ensemble. Le soir, désireux d'examiner à son tour le domicile de l'homme à la canne d'ébène, il repartit en automobile, toujours accompagné de Mazeroux, et donna comme adresse le boulevard Richard-Wallace. La voiture traversa la Seine, qu'elle suivit sur la rive droite* (suivons l'itinéraire balisé : I) [...] *Ils arrivaient à la place de l'Alma. La voiture, à ce moment, tourna vers la gauche* (obéissons sagement : _I). « *Droit devant vous, cria don Luis, montez par le Trocadéro* (I_I). *L'automobile se redressa. Mais, tout de suite, elle fit trois* (C) *ou quatre embardées, à toute allure, escalada un trottoir, se heurta contre un arbre et fut renversée. En quelques secondes, une douzaine* (L) *de passants accoururent. On cassa une* (A) *des glaces et l'on ouvrit la portière. Don Luis surgit le premier.* "*Rien, dit-il, je n'ai rien* (NENNI). *En reprenant les lettres obtenues, nous sommes en possession de F-U-C-L-A-NENNI (anagramme de Fulcanelli, puisque, selon Grasset d'Orcet, en matière de cryptographie, les lettres N et L sont permutantes)* ".

Pas encore convaincu ? Lisez donc la phrase d'un des personnages du même roman : "Tout est là, monsieur, dans ces quatre mots : *Madame Fauvelle est innocente.*" À quelques détails près [!] cette phrase a pour anagramme *Fulcanelli est inventé.*

Juchés au-dessus de ces abysses, deux ouvrages traitent plus précisément de l'œuvre de Maurice Leblanc.

Le Véritable secret des rois de France d'Arnaud de l'Estoile [33] suit les traces d'André Breton revisitant Raymond Roussel. Il emboîte le pas de Richard Khaitzine quant à l'interprétation alchimique du personnage d'Arsène Lupin. Le gentleman-cambrioleur, "as du déguisement, insaisissable, et pour tout dire volatil est une figure emblématique du *mercure* des alchimistes, *mercure* changeant d'aspect et de noms au cours du processus. Ce principe volatil est souvent figuré par le dieu au pétase ailé, Hermès-Mercure. Quand on sait qu'Hermès était notamment le dieu des voleurs, les intentions de Leblanc ne peuvent plus être mises en doute. De même ne faut-il pas s'étonner de voir Lupin mis aux arrêts à la fin de ce premier texte [*L'Arrestation d'Arsène Lupin*]. Lupin privé de liberté, incarcéré et devenu *fixe,* c'est le *mercure fixé* et adoptant dans les textes hermétiques le nom de *soufre.* "

L'étude d'Arnaud de l'Estoile est solidement documentée quant aux milieux ésotériques qu'il évoque. Bien charpenté, son livre énonce clairement ce qu'il conçoit bien. Tout au plus pourrait-on lui reprocher son ton quasi académique qui tire de somptueuses divagations vers le plat rationalisme. C'est Jacques Bergier réécrit à la manière de Seignobos. Le "fantastique exact" dont Arnaud de l'Estoile se réclame est un peu trop exact et pas assez fantastique.

On ne peut adresser ce reproche au maître ouvrage en ce domaine : celui de Patrick Ferté *Arsène Lupin supérieur inconnu* [34]. Au ton policé d'Arnaud de l'Estoile s'oppose la verve et l'alacrité du bateleur qui marque le livre de Patrick Ferté. Et, ce qui ne gâte rien,

---

33 Éditions Pardès, 2009.
34 Guy Trédaniel éditeur, 1992.

ce dernier semble garder un rien de recul par rapport à ses thèses. Ce qui l'a fasciné, écrit-il, "c'est le jeu et non l'enjeu". C'est, dirons-nous, les voiles qui l'ont intéressé et non le mystère. Comme l'écrivait notre bon maître V. Plomb [35]: "au début on est soutenu par la curiosité puis, peu à peu, on se dépouille, on s'épure, on s'abstrait jusqu'à savoir qu'il n'y a pas de question [...] c'est pourquoi les voiles, loin d'être des accessoires importuns, sont la substance même de la Révélation".

"La lettre est tout, le reste n'est que littérature" : là est le "discours de la méthode" de Patrick Ferté. Car, comme c'est le cas pour tous les décrypteurs cités ci-dessus, il n'a guère comme argument que trois coïncidences onomastiques :

— *Monseigneur Bonnechose,* cité dans *La Comtesse de Cagliostro,* comme évêque de Rouen, fut aussi évêque de Carcassonne. Félix Arsène Billard, qui lui succéda, à ce poste et qui fut le protecteur de l'abbé Saunière, était son bras droit.

— *L'abbé Gélis,* homonyme du curé mystérieusement assassiné à Coustaussa en novembre 1897, est cité dans *Herlock Sholmès arrive trop tard.*

— Le corps d'un *saint Lupin* est conservé en la cathédrale Saint-Nazaire de Carcassonne où Monseigneur Billard est également enterré.

À quoi on ajoute un zeste de relations : Georgette Leblanc a connu la cantatrice Emma Calvé, qui aurait été l'amante de l'ab-

---

35 "Rabelais au seuil de l'occulte", *Cahiers du Collège de » Pataphysique* n° 13-14.

bé Saunière. Ces deux liaisons ne sont pas plus avérées l'une que l'autre. Mais il est certain que Maurice Leblanc a bien fréquenté l'occultiste Jules Bois à la Société des Gens de Lettres.

À partir de là, il faut manier le calembour, l'à-peu-près, l'homophonie, l'anagramme, ce que Patrick Ferté fait à merveille, passant sans sourciller de "Pays de Sault" à "Pays de Caux", de "triangle cauchois" à delta (la lettre grecque), de delta à d'aleth et de là à d'Alet (les-Bains). Cette localité, chère aux rennologues, peut être évoquée à l'occasion de la moindre allusion à un pavillon. *A fortiori* si, comme c'est le cas dans *La Demeure mystérieuse*, c'est une Arlette qui ouvre la porte du pavillon. De "pavillon d'Arlette", on passe aisément à l'évêque gallican "Pavillon d'Alet", rejoignant ainsi les procédés rousselliens. Et si l'on sait que l'abbaye d'Alet a été fondée en 813...

La moindre arcade implique *Les Bergers d'Arcadie*, le tableau de Nicolas Poussin que les exégètes relient aux mystères des trésors de Bérenger Saunière. Cette dernière affabulation devient ainsi une grille de lecture, un peu moins banale que les grilles psychanalytique, psycho-critique ou biographique. Citons encore, quasi au hasard, cette exégèse de *La Demeure mystérieuse* :

"Les allusions à peine voilées à Rennes abondent dans La Demeure mystérieuse. Le titre du premier volume est 'RÉGINE', prénom qui signifie REINE (régina). Le dernier mot est 'SEREINE' : l'énigme s'ouvre donc et se ferme sur le vocable 'REINE'. Ajoutez à cela que la première race persécutée 'hôtel à Paris et château en TouRAINE', tandis qu'on cite en passant une amie nommée IRÈNE... Un élément de l'énigme se trouve chez un certain 'sieur GRADIN, antiquaire' afin sans doute d'évoquer les gradins de l'ARÈNE"

La Tour Magdala à Rennes-le-Château

Bien entendu, avec l'onomastique et la toponymie, les anagrammes sont abondamment invoquées. Fresselines doit se lire FE-LINES RAZÈS et ESSARÈS Bey, l'espion turc du *Triangle d'or*, renvoie, lui aussi, à RAZÈS, comme le tas de sable où il dissimule l'or renvoie à Rennes, puisqu'il s'agit d'ARÈNE. Dans *La Barre-y-*

va RADICATEL donne L'ET ARCADIA. GUERCIN, personnage de ce roman, mène à GUERCHIN (et par là à Poussin...). À-peu-près ? Non ! car, dans *La Barre-y-va,* une vieille folle prononce SAULE comme CHAULE : donc, il faut chuinter !

Dans le même genre de parodie au nième degré on se doit de faire un sort à celle, plus récente, de Christophe Remondière parue dans *L'Aiguille preuve* n° 15 (pp. 99 sq). Très au fait de toutes ces analyses rennaises et alchimiques, elle les applique au fond de tiroir exhumé de Maurice Leblanc : *Le Dernier Amour d'Arsène Lupin.* Mais, nonobstant la note sur Francis Blanche, humoriste à double lecture comme le texte de Christophe Remondière, s'agit-il bien d'une parodie ?

LUPINOCLASTIE

Hormis les quelques remarques holmésophiles et lupinophobes de Jean Ferry citées sous l'entrée HERLOCK SHOLMÈS, la dia-tribe la plus iconoclaste à notre connaissance est celle qu'Ingmar d'Ainjust a publié dans le n° 10 de la *Revue des études lupiniennes.* Cette "honnête mise au net" a été rééditée dans le n° 27 des *Organo-graphes du Cymbalum Pataphysicum* qui voyaient en cette dernière étude lupinologique parue dans l'ultime numéro de la *Revue des études lupiniennes* un adieu qui était une manifestation du retrait qui sied au pataphysicien et que le Collège de » Pataphysique pratiqua envers Jarry et la » Pataphysique vis-à-vis d'elle-même.

Au cours de ses aventures, constatait Ingmar d'Ainjust, Arsène Lupin "apparaît voué aux plus risibles échecs".

Argent : dans la plupart des cas, "les copieux bénéfices dont on allèche le lecteur [...] se métamorphosent au grand galop en mesquins pourcentages. C'est ainsi qu'après s'être torturé les petites cellules grises pour s'emparer des millions du baron Repstein, Lupin exhibe fièrement son riche butin : une épingle de cravate. De la même façon, Jim Barnett tirera vanité du curieux troc auquel il procéda avec madame veuve Assermann : un coquet héritage lourd de dix millions-Poincaré contre un méchant collier de perles. On jurerait le Grand Sachem bradant l'Oklahoma pour un gros tas de verroterie. De même, les perles du Collier de la Reine étaient fausses." Et Ingmar d'Ainjust de montrer "un Lupin aux conceptions phynancières étriquées, amassant sou par sou de quoi se constituer une modeste aisance comme n'importe quel épicier : la hideuse retraite à Saint-Maclou est hautement révélatrice de l'état d'esprit homaisique dont ne départira jamais Lupin".

Grands desseins : ils se révèlent finalement être des "projets mollement chus à l'eau", des "expériences avortées". Ainsi, après la confiscation de l'Aiguille creuse d'Étretat, Lupin ayant compris "qu'il était vain de s'obstiner dans une carrière pour laquelle il manifestait de si piètres dispositions, il se fit policier : ainsi Arsinoë incapable de séduire entra en dévotion". Et là, dans *813*, c'est encore l'effondrement de l'échafaudage biscornu grâce auquel Lupin se faisait fort de régner sur l'Europe ». Puis c'est l'empire de Maurétanie qui « fut brillamment soufflé à Arsène Dernier par un ministre radical et un peu maître chanteur ».

Amours : c'est, là encore, « une désolante série de ratés [...] les consternants ébats d'un sous-lieutenant heureux et fier de cornifier son supérieur hiérarchique. Le plaisir qu'a Lupin à contempler le nombril de la femme d'un agent de police est immense et toujours neuf : c'est ce qui nous vaut la fameuse lune de miel avec Olga Vaubant épouse Béchoux, la fugue avec Zozotte Gorgeret et peut-être le rapt de madame Formerie [...] le maquereautage de la pourtant très mûre épouse du ministre de l'Intérieur ou encore le soupçon instillé à Ganimard de relations coupables entre son irréprochable épouse et Lupin ». La liste est longue des insuccès lupiniens, « tendres jeunes filles comme Nelly Underdown, jeunes femmes comme Yvonne d'Origny, veuves un peu blettes, même, comme Clarisse Mergy [...] Les laides elles-mêmes, comme Angélique de Sarzeau-Vendôme, qu'il est pourtant allé jusqu'à épouser, refuseront férocement de succomber ».

On ne voit guère Lupin « obtenir les bonnes grâces d'une femme qu'après avoir soigneusement éliminé, souvent par la force brutale, tout leur entourage masculin. Aurélie d'Astreux ou Hortense Daniel, la petite Mazolles ou la princesse Basiléieff comblent les vœux de Lupin, comme on finit par acheter une inutile brosse au représentant indécrochable, pour s'en débarrasser ». Lorsqu'il y eut un amour partagé, « par suite de l'effroyable maladresse d'Arsène, ce sentiment fut toujours funeste à celles qui eurent l'infortune de l'éprouver : Sonia Krichnoff, Clotilde Destange, Raymonde de Saint-Véran, Dolorès Kesselbach, toutes ont payé d'une mort violente et souvent horrible leur attachement à Lupin ».

Arsène Lupin serait-il donc « quelque héros à la mode antique, poursuivi sans relâche par les infinies cruautés d'une fatalité implacable ? ». Nullement : « les adversaires dont il triomphe sont sans gloire et, de leur défaite, aucun prestige n'éclaboussera le vainqueur ». « Trop souvent le vaincu est un halluciné (Vorski), un dément (la dame à la hache), un monomane qu'il n'est que trop facile de prendre à son propre piège (Bressacq) ou même un simple imbécile rigoureusement maladroit (Victor Danègre, l'assassin de Jenny Saphir) ».

« À côté de cela, Lupin est fréquemment tenu en échec dans la position du vainqueur. Un simple regard, mais luisant d'honnêteté, et voilà notre héros étreint par l'émotion, déplorant le mal qu'il a fait, qui s'empresse de restituer à Georges Davanne ou à Sœur Marie-Auguste ce qu'il avait dérobé, et qui s'en va tête basse, sanglotant sur la vie de dur labeur et de foncière probité qui aurait pu être la sienne. Quand on a choisi la carrière du Mal (comme le mot est gros ici !) il est grand de s'y vautrer, à la façon de Maldoror ; il est honteux d'en être honteux ».

La chance de Lupin « fut de disposer d'une *Propagandastaffel* parfaitement rodée : Leblanc bien sûr, dans un rôle d'éternel thuriféraire, mais surtout les journalistes qui relataient ses activités [...] Lupin put aisément enrôler nombre de plumitifs faméliques dans sa brigade des applaudissements spontanés. Abusé par le prestige dont jouissait encore la chose imprimée, le public de l'époque marqua une constante faveur pour Lupin ».

Cette sympathie reposait sur une sinistre imposture : « du côté des humbles Lupin ? Allons donc ! Oncques ne vit snob plus puant ! [...] Comme elle tremble d'émotion la voix de Lupin, lorsqu'il évoque la récompense qu'il reçut [...] du Tsar ; et quel mal il se donne pour que le Kaiser daigne serrer la main de l'ermite amphibie de Capri ».

Et Ingmar d'Ainjust de terminer ce portrait au vitriol par une conclusion sans appel ; « Lupin n'est jamais qu'un grotesque. Et si nous lisons encore parfois le récit de ses aventures, c'est qu'il arrive à ce bouffon de nous faire rire. Mais moins encore que les Pieds-Nickelés, pourtant sinistres ».

LUPINOLOGIE

Alors que les études holmesologiques ont pris leur essor dans les années 1930 avec le *Sherlock Holmes : fact or fiction ?* de T. S. Blakeney en 1932, *The private life of Sherlock Holmes* de Vincent Starrett en 1933 et *Baker Street studies* de H. W. Bell en 1934, suivies bientôt de la fondation des deux grandes sociétés sherlockiennes, « The Baker Street Irregulars » et « The Sherlock Holmes Society », toutes deux en 1934, il a fallu attendre encore près d'une vingtaine d'années avant que l'on voie apparaître en France les premiers fondements de la lupinologie.

En 1948, d'abord, avec l'article d'Armand Hoog « Le Complexe de Lupin », paru dans *La Nef* de juillet 1948, qui voyait en Lupin « une sorte de Zarathoustra parisien, avec un peu moins de délire dionysiaque, un peu plus de rire léger que l'autre ».

En 1951, ensuite, avec *Les Terribles* d'Antoinette Peské et Pierre Marty et notamment ses chapitres « Lupin le magnifique » et « Le démon de l'aventure », première grande étude sur les précurseurs du roman policier français.

En 1955, enfin, avec *Le Secret des rois de France ou la véritable identité d'Arsène Lupin* de Valère Catogan.

Depuis, la lupinologie n'a cessé de prospérer. Cette encyclopédie en témoigne...

📖　　Voir : LA SOCIÉTÉ DES AMIS D'ARSÈNE LUPIN, KIRMU, VALÈRE CATOGAN, JACQUES BENS, JEAN-CLAUDE DINGUIRARD, FRANCIS LACASSIN.

LUPIN(S)

Maurice Leblanc, pour baptiser son héros, assure avoir déformé le nom d'un ancien conseiller municipal de Paris, Arsène Lopin. Jacques Derouard estime controuvée la légende selon laquelle ce publiciste au service du journal *Le Radical* aurait protesté contre l'utilisation d'un nom voisin du sien (cf *Comœdia* du 28 octobre 1908).

Jacques Derouard rappelle encore qu'il y eut un Lupin qui, au XIXe siècle, était un célèbre éleveur de chevaux et qui a donné son nom à un « Prix Lupin ».

Outre « Bibi Lupin », il est un autre Lupin dans *Les Paysans* de Balzac que Maurice Leblanc connaissait bien.

Maurice Lupin, rappelle encore Jacques Derouard, était un auteur dramatique qui débuta sous ce nom en 1904. Pour éviter la confusion avec Arsène Lupin, il prit ensuite le pseudonyme de G. d'Epeyrac. Sous son pseudonyme d'état civil, il publia un vaudeville en un acte : *Alfred a des cors aux pieds*.

Voilà pour les contemporains ou prédécesseurs. José Lupin, jeune normalien, rendit visite à Maurice Leblanc en 1937 et publia son entretien dans *Comœdia* en 1939. Professeur de lettres au lycée Lakanal, il fut ensuite président d'honneur de l'« Association des Amis d'Arsène Lupin » à l'époque de François George, qui fut son élève.

Le n° 17 bis de *L'Aiguille preuve* (octobre 2015) a exhumé deux pièces mettant en scène des personnages du nom de « Lupin » : « Le Codicille », extrait des *Essais dramatiques* de M. Bélanger (Paris, Dentu, 1855) et *Madame Lupin a ses nerfs*, comédie en un acte de Montenailles (Paris, André Lesot, 1947).

Vinrent ensuite la cohorte des suiveurs que les journalistes en mal d'imagination qualifièrent d'Arsène Lupin.

Mais *Je sais tout* n'en porte-t-il pas la responsabilité, qui publia dans son numéro de décembre 1911 un article de Maurice Level intitulé « Les Arsène Lupin de la réalité » ? L'auteur y passait en revue « quelques-uns des coups les plus justement célèbres de ces ténors du cambriolage, de l'escroquerie et de l'imposture », n'hésitant pas, en contant la mésaventure d'un commis bijoutier, à déclarer : « Arsène Lupin n'aurait pas trouvé mieux » et affirmant qu'« Arsène Lupin et tous ceux que créa l'imagination des romanciers ne sont pas des personnages de pure fiction, mais représentent très fidèlement certains types connus dont les aventures furent parfois si romanesques qu'on hésita souvent à les croire ».

Dès 1925, dans un article de *Paris Soir*, Victor Meric annonçait « Le règne d'Arsène Lupin » : « Si vous suivez, chaque jour, la série des faits divers, vous n'êtes point sans avoir remarqué que, depuis quelque temps, les vols et les cambriolages se succèdent dans des conditions particulièrement effarantes...

Arsène Lupin, qui comptait parmi les as de la profession, est dépassé. Mais la profession devient terriblement difficile. Pour faire un bon cambrioleur, il faut maintenant tout un lot de connaissances. Il faut être mécanicien, chimiste, acrobate... Le métier de cambrioleur suppose, de plus, toute une organisation. Il faut des indicateurs, des veilleurs, des observateurs capables de fournir les tuyaux utiles. À toutes les qualités indispensables que réclame le bon profession-nel, il faut joindre, évidemment, celle d'homme du monde. Dans un acte intitulé *Scrupules,* Octave Mirbeau avait pressenti ce genre de cambrioleur, correct, bien élevé, cultivé et accomplissant sa be-sogne avec autant de dextérité que de tact. » (*Paris Soir* du 5 mars 1925).

Comment s'étonner alors que la gent journalistique n'abuse, pour accrocher ses lecteurs, de l'expression « L'Arsène Lupin » dans ses gros titres ? On peut s'amuser à les rechercher. Dans un journal régional, *L'Union*, nous avons, par exemple, relevé un « L'Arsène Lupin d'Alsace » et un « L'Arsène Lupin des évêchés » qui, comble d'ironie et d'humour involontaire, se nommait Maigret.

À l'instar de Godillot, Poubelle et autres, le patronyme d'Arsène Lupin est-il en passe de devenir substantif ?

MARX Karl

Dans *La Loi et le phénomène*, François George a esquissé, *cum grano salis*, une analyse du personnage d'Arsène Lupin et, accessoirement, du symbole de l'Aiguille creuse, à la lumière du matérialisme historique.

« À aucun moment de sa lutte contre la société il [*Arsène Lupin*] ne songe à rejoindre les positions prolétariennes. La critique marxiste pourra voir en lui une incarnation exemplaire de l'individualisme petit-bourgeois, et expliquer ses exploits imaginaires comme la compensation des difficultés réelles de la petite entreprise : elle n'omettra pas de rappeler que le père de Maurice Leblanc était un modeste armateur et que Leblanc lui-même n'a pas réussi dans la carde. Cette lecture matérialiste découvre en Arsène Lupin la représentation idéologique de la crise du commerce rouennais dans les premières années du siècle. Selon elle, les opinions et les conduites du personnage refléteraient celles de la classe dont il traduit les ambitions et les limites objectives. Refusant la réalité du capitalisme, mais sans se rallier à la seule stratégie capable de l'abolir, le héros petit-bourgeois est amené à se retourner vers le passé et à cultiver des illusions réactionnaires : ainsi rêve-t-il de restaurer les valeurs féodales et monarchiques qui ont été impitoyablement broyées par le développement de la grande industrie. Mais lui-même n'ignore pas le caractère anachronique de ses rêveries, et c'est pourquoi l'Aiguille, qui symbolise ses aspirations, se trouve être creuse. »

📖   Voir : AIGUILLE D'ÉTRETAT

MÉTHODE

ARSÈNE LUPIN, sa méthode, en quoi il est classique et en quoi original – suivi d'un parallèle entre l'humour anglais et l'ironie française : les lupinologues ne se consolent pas que la trace ait été perdue de ce rarissime opuscule d'Isidore Beautrelet « imprimé à la machine à écrire et tiré à dix exemplaires ».

À défaut, le duo Peské-Marty, dans *Les Terribles* (pp 41 sq.), et François George, dans *La Loi et le phénomène* (ch. IV), ont tenté d'analyser ce que, faute de mieux, on appellera la « méthode » lupinienne. Comme Isidore Beautrelet, ils l'opposent à la méthode holmésienne.

Sherlock Holmes procède par inductions. Il part des faits pour bâtir une hypothèse : « C'est une faute capitale que de théoriser avant d'être en possession des faits » assure-t-il dans *La Deuxième tache.* « C'est une erreur d'argumenter avant d'avoir toutes les informations. Insensiblement, on les déforme pour les faire coller avec ses théories » confirme-t-il dans *Wisteria Lodge.*

Arsène Lupin, quant à lui, méprise ce que François George appelait la « philosophie du mégot ». Dans « L'Homme aux dents d'or », du recueil *L'Agence Barnett,* il assène à Béchoux : « Je vais te montrer comme quoi tous les trucs professionnels, empreintes, bouts de cigarettes et autres balivernes, sont de peu de poids en face des données immédiates qu'apporte une intelligence claire appuyée sur un peu d'expérience ». Dans *La Barre-y-va,* il lui répète : « Toi, tu suis péniblement le chemin des secteurs, des sous-secteurs et autres calembredaines ; moi l'agréable chemin où l'on s'abandonne à ses réflexions et, plus encore, à l'intuition ».

Pour Lupin, l'hypothèse est au principe. Il l'affirme dans « La Carafe d'eau », du recueil *Les Huit Coups de l'horloge* : « Quand on ne peut pas expliquer tel phénomène physique, on adopte une hypothèse quelconque où toutes les manifestations de ce phénomène trouvent leur explication, et l'on dit que tout se passe comme s'il en était ainsi ». Dans « Les Jeux du soleil » du recueil *Les Confidences d'Arsène Lupin,* il répète : « Une hypothèse qui répond à toutes les questions n'est pas loin d'être la vérité ». Dans *La Cagliostro se venge* (I, 4) Raoul assure qu'on réunit toujours « les éléments de la vérité selon l'idée générale d'une vérité que l'on croit déjà pressentir ».

François George remarque que c'est l'élève Beautrelet qui est le meilleur disciple de la méthode du maître, qu'il a si bien analysée. « Je réfléchis d'abord, expose-t-il au juge Filleul, je tâche avant tout de trouver l'idée générale de l'affaire. Puis j'imagine une hypothèse raisonnable, logique, en accord avec cette idée générale. Et c'est après seulement que j'examine si les faits veulent bien s'adapter à mon hypothèse ».

Au juge qui lui objecte que les faits peuvent ne pas s'accommoder à l'hypothèse, il réplique : « Eh bien ! monsieur le Juge d'instruction, ce sont eux qui auront tort [...] j'en chercherai d'autres, plus dociles ». Dans « Des pas sur la neige » du recueil *Les Huit Coups de l'horloge*, au Substitut du Procureur qui lui objecte les « faits observés » contraires à sa solution, Lupin réplique : « C'est que les faits ont tort, monsieur le Substitut ». « Les preuves sont quelquefois moins probantes que la logique » affirme Raoul au juge d'instruction Rousselain.

Mais l'hypothèse, comment naît-elle, si ce n'est pas de l'observation des faits ? Elle ne résulte pas de déductions, mais jaillit de l'intuition.

« Pas de déduction, surtout ! Rien n'est plus bête que de déduire les faits les uns des autres avant d'avoir un point de départ certain [...] Écoute ton instinct. Marche d'après ton intuition » monologue Lupin dans *Le Bouchon de cristal* (ch. 4). « Il y a, dans la découverte des crimes, quelque chose de bien supérieur à l'examen des faits, à l'observation, déduction, raisonnement et autres balivernes. C'est, je le répète, l'intuition... l'intuition et l'intelligence » (« Les Jeux du soleil » dans *Les Confidences d'Arsène Lupin*). Sous son avatar policier, *Victor de la Brigade mondaine* ne s'intéresse, lui aussi, qu'à « la psychologie d'une affaire et ce qu'elle exige de réflexion et d'intelligence. Pour le reste, démarches, constatations, poursuites, filatures, il ne s'y livrait qu'à contre-cœur ». Dans *La Demoiselle aux yeux verts* (ch.10), Lupin déclare sa « conviction instinctive et cependant solide comme un raisonnement ».

Ce n'est pas que Lupin soit incapable d'un raisonnement à la Holmes. Dans « L'Écharpe de soie rouge » du recueil *Les Confidences d'Arsène Lupin,* ce dernier affirme à Ganimard : « Lupin jongle avec les déductions comme un détective de roman ». S'ensuit une reconstitution du meurtre de Jenny Saphir à partir des quelques indices sauvés par le marinier. Sherlock Holmes ne l'aurait pas reniée. Mais Lupin n'est pas dupe : son impeccable raisonnement est *a posteriori*, comme *La Genèse d'un poème* de Poe suivait et non précédait la composition du *Corbeau* : « Quelle reconstitution, Ganimard ! » conclut Lupin, « quelle divination vraiment merveilleuse ».

François George constate que c'est seulement après l'intuition que « peuvent se mettre en place les lourdes procédures discursives ». Mais il précise que l'intuition suppose néanmoins la recherche et l'effort : « Si l'on trouve sans chercher, c'est qu'on avait cherché sans trouver ». « Ces éclairs de vérité ne s'allument jamais que dans un cerveau surchauffé par l'effort et la réflexion (*Les Huit coups de l'horloge*) ». Et François George évoque l'image d'un « briquet psychique » faisant jaillir l'étincelle de la vérité.

L'étincelle ou l'éclair ? Dans *Les Dents du tigre* (II, 2), Lupin finit par « entrevoir brusquement, comme on devine un paysage nocturne, à la lueur d'un éclair, la formidable vérité ».

Paradoxalement, Lupin, homme d'action, amoureux de vitesse,

sportsman, s'avère, en ce qui concerne la résolution des énigmes, un « *armchair detective* » à la façon du pachydermique Néro Wolfe ou du chevalier noctambule d'Edgar Poe. En la méthode, Lupin = Dupin.

NAPOLÉON

S'il faut en croire le lieu commun selon lequel les fous se prennent pour Napoléon, alors Arsène Lupin manifesta des signes de folie qui s'accentuèrent avec le temps.

Dans *813* (II 6), il se qualifie d'« Empereur du crime », en souvenir, peut-être, de l'ennemi de Sherlock Holmes, Moriarty, le « Napoléon du crime ». Dans *Le Triangle d'or* (XIV), arguant de sa faible propension au sommeil, il invoque l'Empereur, ajoutant : « Mon Dieu oui ! cette petite ressemblance n'est pas pour me déplaire ». Dans *Arsène Lupin contre Herlock Sholmès*, il clame : « Je cherche vainement dans l'Histoire une destinée comparable à la mienne, mieux remplie, plus intense... Napoléon peut-être ? » Dans *L'Aiguille creuse,* il explique à Beautrelet qu'en volant les tableaux, il n'a fait qu'imiter Napoléon en Italie.

Si, dans *813*, Lupin se compare à Napoléon au matin d'Austerlitz, il en vient, dans *Les Milliards*, à invoquer le Napoléon de la campagne de France, en 1814, génial, mais défait. Déjà, à la fin de *L'Aiguille creuse*, il se référait à Waterloo et Trafalgar et le chapitre 20 de *La Femme aux deux sourires* hésitait entre « Austerlitz ? Waterloo ? ». En réalité, Arsène Lupin n'en finira pas de revenir de l'île d'Elbe sans jamais connaître son Waterloo.

Rappelons que dans son célèbre *Arsène Lupin ou la véritable identité des rois de France*, Valère Catogan* fait d'Arsène Lupin un fils adultérin de Napoléon III. Dans *Le Dernier Amour d'Arsène Lupin*, Maurice Leblanc en fait le descendant d'un général Lupin, fidèle de Napoléon, en 1814 là encore.

NARCISSE LUPIN

Dans le n° 604-605 de la revue *Europe* (août-septembre 1979), Gérard Philippe Guasch a développé la « psychanalyse d'un caractère » – en l'occurrence celui d'Arsène Lupin – en s'appuyant sur Freud, mais surtout sur l'analyse caractérielle de Wilhelm Reich. À la lumière de cette dernière, le caractère de Lupin serait celui d'un « phallique-narcissique à tendances paranoïaques » qui « d'un point de vue psychologique, se définit par son caractère de défense contre l'homosexualité ».

« La composante homosexuelle d'Arsène Lupin trouverait son origine dans les conditions de son développement infantile : identification difficile et partielle à une image paternelle ambiguë, prévalence des images féminines dans les modèles éducatifs ». Sa quête incessante de la femme, souvent déçue (d'où blessure narcissique) serait alors comme « une défense contre la composante homo-sexuelle de son caractère, ce qui le rapprocherait de Don Juan. »

Cette composante homosexuelle est sublimée dans les amitiés viriles et le compagnonnage de bande. En témoignerait encore « l'affectueuse sollicitude – au moins aussi paternelle que mater-nelle – qu'il prodigue à son jeune compagnon Gilbert dans *Le Bou-chon de cristal* ».

Le caractère phallique-narcissique se sert d'une tendance exagé-rée à l'agressivité masculine pour se défendre contre les tendances féminines passives et anales. Dans l'épisode du *Collier de la Reine*, le vol a servi de défense contre un sentiment d'infériorité et a fourni des gratifications narcissiques.

Dans *Le Dernier des Dandies : Arsène Lupin* (Nizet, 1979), Francine Marill Alberes ne voit dans cet épisode de l'enfance lupi-nienne aucun trait qui l'apparente à la psychologie freudienne, mais bien une manifestation de la *gettungstreben* selon Alfred Adler, ce « désir qui, en se développant sous l'influence du sentiment d'in-fériorité, va amener l'enfant à se proposer un but qui lui permette de manifester sa supériorité à l'égard de son entourage [...] et de se faire de lui-même une idée suffisamment haute pour que la vie lui semble valoir la peine d'être vécue ».

Francine Marill Alberes juge que « le ton narquois qui relèvera éternellement les lèvres du futur Arsène Lupin, son amour acharné de la provocation, ne peuvent être que le désir de compensation adlérienne ».

📖   Voir FREUD

NIETZSCHE Friedrich

« Salut à toi qui crée des danses *nouvelles* »

Le Gai Savoir

« Le Vieillard, jetant son bâton,
se mit à esquisser des entrechats fantaisistes et des gigues échevelées
avec une souplesse tout à fait extraordinaire »

L'Île aux trente cercueils

Intitulée « Le Complexe de Lupin » et signée Armand Hoog, une paléoétude lupinienne parue dans la revue *La Nef* en juillet 1948 faisait d'Arsène Lupin « un des grands responsables de la sensibilité française contemporaine ». Et elle ajoutait : « C'est par lui que la volonté de puissance nietzschéenne est devenue, au début du siècle, objet de consommation courante [...] Maurice Leblanc aura mis les valeurs de Nietzsche à la portée de tous ». La formule d'Armand Hoog définissant Arsène Lupin comme « une sorte de Zarathoustra très parisien » a fait mouche. Armand Hoog estimait que, dans la famille des surhommes français à la Belle Époque, Arsène Lupin avait sa place aux côtés de Maldoror et du docteur Ox, avec cet « avantage » que Lupin, « ce surhomme en frac » faisait partie des « êtres qui n'échouent pas ». Affirmation pour le moins discutable si l'on se réfère à *813* ou au final de *L'Aiguille creuse*.

Dans *Arsène Lupin gentilhomme philosopheur*, André Comte-Sponville s'est opposé à cette vision d'un Lupin nietzschéen.

« Hors-la-loi, souligne-t-il, Arsène Lupin ne vit en aucun cas par-delà le bien et le mal ». S'il est un surhomme, « Lupin est un surhomme vertueux » auquel André Comte-Sponville oppose « la Cagliostro, bonne nietzschéenne celle-là ». Maurice Leblanc, continue-t-il, « est notre Nietzsche au même titre que Bizet, c'est Nietzsche lui-même qui le reconnaît, était notre Wagner » [...] « Tout ce qui est bon est léger, tout ce qui est divin court sur des pieds délicats ». Cela, que Nietzsche écrivait à propos de Bizet, et contre Wagner, n'est-ce pas vrai aussi – n'est-ce pas vrai surtout – de Lupin et contre Nietzsche ?

Sans revenir sur l'éternel retour (de Lupin dans l'opus leblanchien : Lupin ou comment s'en débarrasser ?), on pourrait, pour accommoder un Lupin nietzschéen, lorgner, non pas du côté de Zarathoustra, grandiloquent et poussiéreux « grand-papa bénisseur », mais plutôt du côté de Dionysos dont Nietzsche (*Ecce Homo*) s'affirmait le disciple, Dionysos « le génie du cœur, le grand dieu caché, le divin tentateur né pour piper les consciences, celui dont la voix sait pénétrer jusqu'au tréfonds des âmes », Dionysos, nom par lequel Nietzsche signa ses ultimes lettres à Catulle Mendès ou à Cosima Wagner. Dieu philosophe au sourire alcyonien, Dionysos est danseur, tout comme Hippoclidès[36], tout comme Arsène Lupin dont on connaît la pratique des entrechats[37]. Et comme Lupin de

---

36 Hérodote, *Histoires*, VI, 129.

37 Cf, outre *L'Île aux trente cercueils*, *Le Bouchon de cristal* où Lupin danse une gigue « où il y avait du cancan, et des contorsions de matchiche, et des pirouettes de derviche tourneur, et des acrobaties de clown, et des zigzags d'ivrogne ». Ou encore *L'Agence Barnett* où il s'excuse auprès du général Desroques de manifester ses trop plein de joie « par de petits exercices acrobatiques ou chorégraphiques parfaitement ridicules » (« Béchoux arrête Jim Barnett »). Dans « Gants blancs, guêtres blanches » il n'avait pu contenir sa joie exubérante « dans un mouvement vertigineux comparable aux pirouettes d'un singe dans sa cage ». Cf. encore *La Barre-y-va* (ch.XII), *La Comtesse de Cagliostro*

Joséphine Balsamo, Nietzsche ne se détacha-t-il pas de son premier amour, Richard Wagner, qu'il traita de « Cagliostro de la musique » (*Ecce Homo*) et de « Cagliostro de la modernité » (*Le Cas Wagner*) ?

NOSTRADAMISMES

> « Dans l'île Sark, en l'an quatorze et trois
>
> Il y aura naufrages, deuils et crimes [...] »

On connaît la prophétie du Frère Thomas qui illumina Vorski et sous-tend l'intrigue de *L'Île aux trente cercueils*, intrigue en quoi François Raymond* voyait une pré-diction plutôt qu'une prédiction, « procédé roussellien [...] où, présenté dans le texte, un texte généra-teur [...] induit une action dans le récit qui lui succède ». Ce genre de pré-diction, François Raymond la discernait dans des œuvres aussi variées qu'*Œdipe Roi, Macbeth, Les Dix Petits Nègres, La Mort et la boussole* ou *Coup double*[38].

Don Luis Perenna faisait remarquer l'imbécillité des mots et la banalité du rythme de cette prophétie. Nostradamus était plus mal-larméen qui avait compris que le réel étant déjà entièrement irra-tionnel, embrouillait le poème pour le rendre aussi indéchiffrable que la réalité elle-même, le déroulement du monde étant, comme

---

(ch. VII, ch. XII) ou encore *Victor de la brigade mondaine* (11, I et 12, II) où Victor nomme ces « entrechats ébauches de cancan et de gigue » le « pas à la Lupin ».

38 François Raymond : « Arsène Lupin, homme de lettres » (*Europe* n° 571-572).

tout poème, nécessaire et imprévu [39].

Dans le n° 10 de la *Revue des études lupiniennes*, Michel Costume a montré que les quatrains nostradamiques ont pu aussi présider au thème de *L'île aux trente cercueils* (cf III, XVI), tout comme au *Triangle d'or* (III, LXXII) ou à *L'Aiguille creuse* (VIII, LXVI). Citons, à propos de celle-ci :

Quand l'escriture D.M. trouvée (allusion au début du mot « Demoiselles » du début du cryptogramme)

Et cave antique à lampe découverte

       cave : creuse au sens étymologique

       antique : car César connaissait son secret

       lampe découverte : c'est une lumière, une fente
        par où s'

       ouvre la voie

Loy, Roy et Prince Ulpian esprouvée : Le Roy, c'est
       l'antique monarchie

       l'Aiguille

       Ulpian est

---

39 Irénée Louis Sandomir : « Nostradamus ou l'Avenir est-il un poème » (*Opus Testament*).

Une autre prophétie célèbre, la Prophétie d'Orval, à laquelle Nostradamus, qui aurait séjourné à Orval[40], ne fut peut-être pas étranger, annonçait la mort de Louis XVI et l'avènement de Bonaparte (mais elle est sans doute, comme toute bonne prophétie, postérieure aux événements qu'elle décrit) :

« En ce temps-là, un jeune homme venu d'outre-mer dans le Pays Celte-Gaulois se manifeste par conseil de force. Mais les grands ombragés l'envoieront guerroyer dans l'isle de captivité ».

n° 10 des Monitoires

Som maire

GEOGRAPHIE D'ARSENE LUPIN

« Je prends, donc je suis. »

Devin de Lupin

Maurice Leblanc.

27 janvier 1909.

Autographe de Maurice Leblanc (Collection Serge Lapin)

---

40 Jean-Pierre Deloux : *Le Ravin du loup.*

Plutôt qu'une allusion au Corse ayant réprimé les royalistes lors de l'épisode de l'église Saint-Roch, puis envoyé par les Directeurs et leurs coiffes emplumées en Égypte, Ruy Launoir, dans le n° 10 des *Monitoires du Cymbalum Pataphysicum*, a vu l'annonce de l'arrestation d'Arsène Lupin envoyé à l'ombre (à la Santé) après son retour des États-Unis et continuant ses exploits du fond de sa cellule (notamment le cambriolage de Malaquis). À quoi on pourrait ajouter : « La victoire le ramena au pays premier. /Les fils de Brutus moult stupides seront à son approche, car il les dominera et prendra nom Empereur » qui annonce moins l'empire napoléonien, que la seconde partie de *813*, Lupin sortant de sa cellule pour gagner l'Allemagne, première puissance militaire d'alors, son ascendant moral sur le Boche brute et stupide, son dessein impérial qui se concrétisera au Sahara.

Donnée comme datant de 1544 et lue publiquement en 1791, la Prophétie d'Orval ne fut imprimée qu'en 1839, d'où les doutes quant à la validité de la prévision napoléonienne. Les partisans de l'authenticité mirent la main sur un ancien religieux de l'abbaye qui avait survécu à la tourmente révolutionnaire. Il assura que la prophétie était bien antérieure à la Révolution. Ce vieux moine d'Orval (et non de Capri...) s'appelait le Père Arsène !

OPÉRETTE

« Il y a deux ans. Je vis entrer, par cette même porte, un monsieur que je ne connaissais pas, mince, grand, élégant, l'air anglais, et qui me donna aussitôt l'impression d'un gentleman à qui il suffirait d'un peu de bonne volonté pour réaliser un Lupin comique à la fois trépidant et flegmatique. Je l'arrêtai d'un geste et lui dis, avec cette divination miraculeuse que je dois à ma collaboration suivie avec Lupin :

– « Inutile de vous présenter, vous êtes Koval... et vous venez me demander si je serais d'humeur à laisser faire une opérette avec Ar-sène Lupin et à vous confier le rôle principal… » a raconté Maurice Leblanc à Camille Gérard dans un entretien donné en 1930 et resté inédit jusqu'à sa publication dans le tome IV des *Arsène Lupin* de la collection « Bouquins ».

Maurice Leblanc accéda à la demande de René Koval à la condition toutefois que cette opérette bénéficie d'une « musique française gaie et spirituelle » : elle devra donc être signée par son neveu Marcel Lattès, alors que le livret sera l'œuvre d'Yves Mirande et les couplets d'Albert Willemetz.

Arsène Lupin banquier fut créé au Théâtre des Bouffes Parisiens le 7 mai 1930, date à laquelle Maurice Leblanc donna un article dans *Le Journal* : « La répétition générale d'*Arsène Lupin banquier* cet après-midi aux Bouffes Parisiens ». Maurice Leblanc raconte sa visite à un très honorable banquier qui après une brève entrevue lui donne une bourrade et s'exclame :

– « Eh bien quoi ! on ne reconnait pas ses vieux amis ? »

Leblanc poursuit : « Je me retournai surpris par le ton tout différent de mon interlocuteur et peu à peu sous la bonne mine du banquier X je retrouvai...

– Mon Dieu, oui, Arsène Lupin lui-même, dit-il en achevant ma pensée.

J'étais confondu.

– Mais qu'est-ce que tu fais là ?

– Tu vois, je suis banquier.

– Banquier ? Pour attirer les poires sans doute et vider les poches de tes clients ?

– Au contraire ! pour les défendre et les enrichir. J'ai pris la place d'une excellente crapule qui allait faire faillite, j'ai remonté la maison et me voici d'aplomb sur mon coffre bien garni. »

Et Lupin de déclarer : « J'ai en horreur ces bandits qui vous dévalisent sous le couvert des lois. Qu'on soit cambrioleur, à merveille ! C'est loyal et propre. Mais le banquier véreux qui vous colle des titres mort-nés et qui ruine le pauvre monde, ça me dégoûte. Je suis pour les épargnants, moi. » Avant d'avouer qu'il s'est fait banquier par amour d'une jeune fille.

C'est cette anecdote qui est la base du livret. « Venu dans une banque pour en vider la caisse, se substituant au banquier Bourdin dont il se fait la tête, le voici qui renfloue la banque en déconfiture, restitue les diamants qu'il avait superbement subtilisés à de nouveaux riches et ne disparaît qu'après avoir semé le bonheur autour de lui et mystifié la police une fois de plus. Cela parce qu'une jeune fille pure et confiante, Francine, a passé dans sa vie et qu'il a été tout près de l'aimer. » résume l'article du *Matin* du 9 mai, ajoutant : « On pense bien que M. Koval joue avec une extraordinaire sûreté de composition son triple personnage de sir Turner, du banquier Bourdin et enfin d'Arsène Lupin. »

Jacqueline Francell y jouait Francine, Meg Lemonnier, Flo, la maîtresse de Lupin, Louis Blanche le naïf diamantaire, Lucien Baroux, le commis. Dans cette distribution on note la présence d'un comédien qui n'allait pas tarder à devenir l'une des grandes vedettes du cinéma français : Jean Gabin, en compagnie de son père Joseph.

Marcel Lattès, le compositeur, a rédigé pour *L'Écho de Paris* à la date du 2 mai 1930 un bref article expliquant « Comment Arsène Lupin est devenu banquier » qui se conclut ainsi :

« Moi qui n'avais jamais eu peur d'Arsène Lupin, me voilà tout tremblant devant lui... Puissent mes chansons ne pas le faire arrêter ! »

Cette opérette a été remontée en 2007 à la Coursive de La Rochelle avec Gilles Favreau dans le rôle d'Arsène Lupin.

ORNEQUIN

L'Éclat d'obus est le premier volet de la trilogie lupinienne contemporaine de la Première Guerre mondiale. « Lupinienne » est d'ailleurs un bien grand qualificatif, car la présence d'Arsène Lupin y est encore plus réduite que dans *Le Triangle d'or* ou *L'Île aux trente cercueils.* Cette présence fut d'abord une absence : Arsène Lupin ne figure pas, en effet, dans la première édition de *L'Éclat d'obus.* Ce n'est qu'à l'occasion de la réédition de 1923 qu'il fait une apparition fugitive permettant, par la suite, d'inclure le roman dans la saga.

Anarchisant vingt ans auparavant, Maurice Leblanc, comme tant d'autres (Léon Jouhaux, Gustave Hervé) vira au patriotisme le plus chauvin en 1914. On trouve dans *L'Éclat d'obus* tout l'arsenal de la propagande anti-boche : le Teuton ivrogne, brutal, inculte, hurlant « hoch ! hoch ! », martyrisant les civils et coupant les mains des petits enfants. Maurice Leblanc épargne pourtant au lecteur les détails scatologiques qui furent la « matière » de l'anti-germanisme chez Henri Desgrange et chez le docteur Bérillon.

Ce roman un peu particulier n'a guère suscité, en ce qui concerne l'exégèse lupinienne, que des interrogations à propos des lieux où il est censé se dérouler. Le château d'Ornequin, Ébrecourt, Corvigny, le Liseron sont précisés proches de la frontière allemande de 1914, proches de la ligne de front, et proches d'une ville fortifiée par Vauban.

Dans le n° 10 des *Monitoires du Cymbalum Pataphysicum*, la Sous-Commission des Lieux tenait pour les environs de Montmédy, ville fortifiée, pour le château de Louppy-sur-Loison (Loison = Liseron ?), pour Juvigny (= Corvigny ?) et, de l'autre côté de la frontière, pour Harnoncourt ou Dampincourt. Hélas, il s'agit de la frontière belge et non de la frontière allemande.

Dans le n° 16 de *L'Aiguille preuve*, René Pulsani s'est longuement penché sur les lieux où sont censés se dérouler les événements décrits dans *L'Éclat d'obus*. Écartant l'hypothèse belfortaine, il s'intéresse de plus près à la vallée de l'Orne (Orne = Ornequin ?), aux châteaux De Wendel au-dessus de Jœuf et à proximité de Moyeuve-Grande alors allemande, région riche en minerai de fer où l'on trouvait des galeries de mines et des tunnels équipés de chemins de fer. Mais force lui est de constater que cette région ne correspond pas aux fluctuations de la ligne de front décrites dans le roman.

On peut donc opiner que le château d'Ornequin n'est qu'un archétype de château, « belle construction du seizième » avec « les ruines majestueuses d'un donjon carré plus ancien » où l'on peut reconnaître le schéma du château de Tancarville. Il s'agit d'un « fort intérieur » comme celui qui est décrit dans *L'Œuvre de mort* où le bonheur est comparé à un « château fort à défendre » avec « tours, donjon, chemins de ronde, fossés, remparts, mâchicoulis et nulle porte ». On peut conclure encore que la cartographie selon Maurice Leblanc s'apparente à celle de *La Clélie* de Mlle de Scudéry, plus criminelle certes qu'amoureuse : carte du dur et non carte du tendre.

OULUPINPO

Dans *Herlock Sholmès arrive trop tard*, le secret de Thibermesnil peut être considéré comme une sorte de « drame alphabétique ». L'acrostiche (ou plutôt l'acronyme) « Ad lapidem currebat olim regina » doit se comprendre par les initiales ALCOR. Tout Lupin est un palindrome, car « avec Lupin le monde est renversé », comme le constate Ganimard dans le même ouvrage. Mais la contrainte oulipienne la plus souvent utilisée dans le « Canon », c'est l'anagramme.

On sait qu'à travers les changements d'identité, « ARSÈNE LUPIN » se peut souvent deviner, anagrammatiquement : LUIS PERENNA, PAUL SERNINE, PAULE SINNER. L'anagramme est souvent au second degré comme le remarquaient Anqueti-Turet et J.K. Karlsberg. Ainsi SERNINE donne ENNERIS et S.RENINE.

ARPIN LUSÈNE est la signature (en outre contrapétique) d'un billet reçu d'Arsène Lupin par Herlock Sholmès (anagramme et contrepet sur le nom de Sherlock Holmes). RAOUL est une des prénoms favoris d'Arsène en ses hétéronymes (Andrésy, Avenac, Averny, Enneris, Limezy, Limesy : il « combine idéalement les intéressantes syllabes AR LU d'une part et AR LO [Arsène Lopin] d'autre part » [41].

Malgré le nombre relativement restreint de lettres, ARSÈNE LUPIN est fécond anagrammatiquement parlant. Certains en ont tiré des patronymes que Maurice Leblanc avait négligés : PEER

---

41 *Revue des Études Lupiniennes* n° 4.

LINNAUS[42], RENÉ PAULINS[43], RENÉ PLAUSIN[44], RENÉ PUL-
SANI [45]. Dans *Le Secret des rois de France ou La Véritable Identité
d'Arsène Lupin* [signé VALÈRE CATOGAN anagramme d'AVO-
CAT GÉNÉRAL], le magistrat Raymond Lindon a imaginé un enfant abandonné nommé, encore qu'il ne soit pas baptisé [sans eau
= sans O], NAPOLÉON SIEUR ce qui, privé d'O, donne ARSÈNE
LUPIN.

L'anagrammatisation d'ARSÈNE LUPIN ne s'applique d'ailleurs pas seulement à la création de patronymes. NOMEN : OMEN
assuraient les anciens, et Michel Leiris tenait que c'est un « Jeu de
lettres qui met tout l'être en jeu ». L'onomatomancie ne sert pas
qu'à louer, comme le PTOLEMAIOS = APOMELITOS [fait de
miel] de Lycophron, ou à déprécier [VINCENT AURIOL = VOILÀ
UN CRÉTIN ou encore PÉTAIN = INAPTE]. L'anagramme sert à
révéler ce qui est caché. ARSÈNE LUPIN = L'URNE À PÉNIS ou
L'URNE À PINES décelait Luc Blanchet dans une lettre à François
George[46]. Le professeur Couderc[47] y lisait L'ANUS À PINER [E
pour égale], RÂLE PÉNIS NU, N'ÉPILER ANUS, PARLE SEIN
NU. Dans le même registre naturiste, mais politiquement prophé-
tique il lisait encore LE PEN IRA NU, ainsi que des conseils dans
l'art de vivre : NE PAS LIRE NU, PLEIN N'USERA et [baudelai-

---

42 Anthony Boucher, « Arsène Lupin contre le colonel Linnaus », *Mystère Magazine*
n° 45.

43 Michel Lebrun, *Ma Vie est un roman.*

44 *Aiguille preuve* n° 4.

45 *Aiguille preuve* n° 17.

46 *Aiguille creuse* n° 4.

47 *Revue des Études Lupiniennes* n° 5.

rien !] SPLEEN UNIRA. Dans « La Vérité selon Lupin »[48], Alain Garric voit en ARSÈNE LUPIN RUSA EN PLEIN, et, dépréciateurs, L'ARSÈNE PUNI, LE SUPER NAIN, ou encore NU SI N'A PERLÉ.

L'anagramme révélatrice ? Au chapitre VI de *813*, Louis de Malreich reconnaissait Arsène Lupin derrière Paul Sernine :

ARSÈNE LUPIN À NE PLUS NIER

Dans le même registre oulipien on peut encore citer, de Pierre Ziegelmeyer [49] des exercices de « Dégraissements et dégagements » où il exhume, dans la première page de *La Demoiselle aux yeux verts*, diverses maximes :

Un homme/pour jouir/offre/de face/un bout/éclairé.

La vie/de dos/impeccable/de face/indifférente.

Un homme heureux/suit une dame/pour prendre/de dos/une raie   impeccable.

Masse lourde/indifférente/de la foule.

Et il résume ainsi cette première page

Ce monsieur mettait/cette dame... /en valeur.

À vos cutters ! Comme la poésie selon Lautréamont, l'oulipisme doit être fait par tous et non pas par un.

---

48   *Aiguille preuve* n° 15.
49   Pierre Ziegelmeyer, « Le cutter du squatter », *Monitoires du Cymbalum Pataphysicum*

PARITÉ

Si Conan Doyle refusa que Sherlock Holmes se mesurât à Arsène Lupin, ce dernier reçut néanmoins l'aval de ses pairs en matière de héros de romans policiers. Dans « Les Enquêteurs internationaux », nouvelle d'Edward G. Ashton parue dans le n° 65 de *Mystère Magazine*, Arsène Lupin figure aux côtés de Lord Peter Wimsey, de Miss Marple, du Père Brown, du Docteur Gideon Fell, de l'Oncle Abner, d'Ellery Queen et de Sam Spade dans un aréopage (fondé par le chevalier Dupin) groupant « les plus brillantes des intelligences qui illustrent les annales de la criminologie ». Celles-ci examinent une communication d'un « T A Lamont » démontrant que Moriarty n'était autre que Watson. Le groupe admet finalement parmi ses membres ce T A Lamont, anagramme d'Altamont qui fut un pseudonyme de Sherlock Holmes dans « Son dernier coup d'archet ». La méthode des anagrammes (qui donna naissance à Herlock Sholmès) fonctionne donc, dans la plus pure tradition lupinienne.

On peut noter que, si Lupin est élu dans cet aréopage, Maurice Leblanc, à la différence de Watson, du confident de Dupin, du capitaine Hastings et autres « seconds couteaux » de la littérature policière, ne figure pas dans la réjouissante nouvelle de W. Heidenfeld « Un drame au club des brillants seconds » parue dans *Mystère Magazine* n° 83. C'est la preuve, là encore, que la créature de Maurice Leblanc a vampirisé le créateur.

☷ Voir OULUPINPO, LEBLANC MAURICE

PASTICHES ET PARODIES

Comme tout personnage littéraire rencontrant un grand succès public, Arsène Lupin a fait l'objet de pastiches et de parodies, inévitable rançon de la gloire. Dans son n° 16 bis, *L'Aiguille Preuve* recense les premiers pastiches : « Le dernier vol d'Arsène Lupin » de Paul Fargue paru dans la *Revue aérienne* en mai 1909 et qu'Hervé Lechat considère comme « le tout premier pastiche de Lupin dans l'état actuel d'avancement de la science lupinienne », et dont l'identité de l'auteur fait problème ; « A. Lupin et Herlock Sholmes » d'André Massanès dans *Mon Journal* en décembre 1910, « La Dernière Victime de Sosthène Lapin » de Michel Pischari paru dans *Paris Journal* du 27 janvier 1911 qui met en scène moins Sosthène Lapin que son biographe Fabrice Lenoir...

En 1912, c'est un auteur américain qui prend le relais : Carolyn Wells (1869-1942) qui débuta une carrière d'écrivain policier en 1909 avec *The Clue*, suivi de quatre-vingts autres (dont un seul traduit en France au Masque : *La maison de l'horreur* au n° 155). Elle ne fut pas seulement une pionnière du genre, mais écrivit le premier essai sur le roman policier : *The technique of mystery story* en 1913. On lui doit en outre un pastiche de Sinclair Lewis, un pastiche de Sherlock Holmes : « The Adventure of the clothes line », traduit dans *L'Aiguille preuve* sous le titre « L'aventure de la corde à linge » et deux pastiches lupiniens : « The adventure of Mona Lisa » dans *The Century* en 1912 et traduit dans *L'Aiguille preuve* sous le titre « Le Mystère de la Joconde », et « Sure way to catch every criminal. Ha ! Ha ! » dans *The Century* en juillet 1912.

En 1924, c'est Georges Simenon qui, sous le pseudonyme de Plick et Plock, publia dans *Froufrou* un « Adolphe Motte, gentleman-cambrioleur ».

Dans « La Colombe burgonde » parue dans *Lectures pour tous* de février 1931, Hervé de Peslouan, compagnon de catalogue de Maurice Leblanc dans « Le point d'interrogation » chez Pierre Lafitte avec « Eve Sernin, détective », met en scène un transparent Arsène Pinlu.

Noël Oudon, quant à lui, publia en 1932 dans *À la page* un « à la manière de Maurice Leblanc » avec « L'étrange criminel », où Lupin promet au narrateur l'histoire épatante d'un voleur d'obélisques (un défi que pourrait relever le Nick Velvet d'Edward D. Hoch !).

Deux ans plus tard, c'est au tour de Marcel Aymé de se livrer au pastiche dans « La clé sous le paillasson », une nouvelle du recueil *Le Nain*.

En novembre 1944, Anthony Boucher, qui a écrit des Sherlock Holmes pour la radio, publiait dans *Ellery Queen's Mystery Magazine* une nouvelle intitulée « Arsène Lupin vs. colonel Linnaus » (traduit dans *Mystère magazine* n° 45 sous le titre « Arsène Lupin contre le colonel Linnaus »).

La revue devait publier par la suite deux autres pastiches :

— « International investigators, Inc » d'Edward G. Ashton en février 1952, traduit dans *Mystère Magazine* n° 65 en juin 1953 sous le titre « Les enquêteurs internationaux ».

— « In compartment 813 » d'Arthur Porges en juin 1966, également pasticheur de Conan Doyle avec ses Stately Homes.

C'est dans son premier recueil de pastiches policiers, *Confidences dans ma nuit*, paru en 1946 aux éditions du Portulan dans la collection « La Mauvaise chance », que Thomas Narcejac publia un remarquable pastiche de Maurice Leblanc, « L'Affaire Oliveira », réédité plusieurs fois.

Au début des années 50, Jean Kéry, écrivain populaire couronné en 1952 du Prix du roman d'aventures pour *Qui est à l'appareil ?,* publia chez Tallandier une série de pastiches policiers à la manière de Conan Doyle, Gaboriau, Simenon, Edgar Wallace ou Peter Cheyney. Celui écrit à l'imitation de Maurice Leblanc s'intitulait *La Main noire.*

À la même époque, Claude Ferny publia trois romans dans la série « Le gentleman en noir » aux Nouvelles Presses Mondiales (*Sept coups de cœur, La tête de marbre, Elle fut décapitée à minuit* — 1) qui par sa dédicace à Maurice Leblanc et ses références nombreuses à son œuvre (les personnages s'appellent Aldock Hermes, Yves Trebeau, le policier Gallican) échappe à la cohorte des épigones pour se rapprocher du pastiche. C'est sous le pseudonyme de Michel Lecler et dans une collection d'ouvrages de science-fiction que Michel Lebrun fit paraître sa contribution au mythe lupinien sous le titre *Ma vie est un roman* en 1955. Cette nouvelle met en scène un certain René Paulins...

Il faut attendre ensuite deux décennies pour retrouver un pastiche lupinien, hors de la suite des cinq romans écrits par Boileau-Narcejac, avec une nouvelle de Jacques Herment publiée dans *Le Petit Détective* n° 5 : « Treize cent huit ».

Une nouvelle incarnation de Lupin apparaît en 1986 sous la signature de l'écrivain américain John T. Lescroart dans un roman intitulé *Son of Holmes* qui se passe en France pendant la Première Guerre mondiale. Son héros, Auguste Lupa, est selon la rumeur un fils illégitime de Sherlock Holmes, et, à l'heure du roman, un espion allié envoyé en France pour identifier un dangereux criminel. L'année suivante, John T. Lescroart publiera *Rasputin's revenge* sous-titré *The further startling adventures of Auguste Lupa, son of Holmes*, qui se déroule à Saint-Petersbourg et met en scène également ment Holmes et Watson.

Les années 2000 virent fleurir des lupiniana de styles différents : *La dent de Jane,* une aventure lupinesque sur l'île d'Aix de Daniel Salmon, aux éditions du Petit Pavé en 2001, *Qui fait peur à Virginia Woolf ? Élémentaire mon cher Lupin* de Gabriel Thoveron aux éditions « Le grand miroir » à Bruxelles en 2006, *Code Lupin* de Michel Bussi en 2006, *Arsène Lupin et le mystère d'Arsonval* de

Michel Zink chez Bernard de Fallois en 2004. La plus remarquable est une nouvelle de l'écrivain russe Boris Akounine, dédiée à Maurice Leblanc, « La prisonnière de la tour », publiée dans le recueil homonyme aux Presses de la Cité en 2007 et qui conte l'affaire de la machine infernale du château du Vau-garni, à laquelle Lupin, Holmes et Eraste Fandorine, le limier habituel de Boris Akounine, furent mêlés.

Le mythe a resurgi dans notre décennie avec un recueil paru en 2012 aux éditions Black Coat Press, *The many faces of Arsène Lupin*, une anthologie de Jean-Marc et Randy Lofficier et, en 2015, avec le roman d'Adrien Goetz *La Nouvelle Vie d'Arsène Lupin : retour, aventures, ruses, masques et exploits du gentleman-cambrioleur* chez Grasset.

Notons que quelques notables lupinologues se sont livrés à l'exercice du pastiche lupinien : Hervé Lechat (*Au musée d'Arsène*, « Quatre gentlemen » dans *Enigmatika* 2007 n° 2), et J. Barine (« Les dents du loup » dans *Meurtres dans la cathédrale et autres récits*, « L'Été volé » dans *Pastiches et récits à contrainte*, « Arsène jette un froid » dans *Anthologie du mystère 1989* de Jacques Baudou).

La parodie semble s'être limitée au théâtre. Jacques Derouard signale un *Arsouille Lapin contre Berlock Holmec*, vaudeville de Henri Tinant et Géo Carrière (1911) et un *La mort d'Arthème Lapin*, drame parodique de José Germain et Antony Mars publié à la Librairie théâtrale en 1923. Sans compter cet *Arsène Lupin nous obsède* de R. de Rivasso qui constituait la première partie d'un programme donné au Théâtre des deux masques à partir du 24 janvier 1910.

Le cinéma ne fut pas en reste avec la série des « Arthème » réalisée et jouée par Ernest Servaès pour la société générale des cinématographes Éclipse. Le premier de la série que nous avons pu voir en partie, *Arthème avale sa clarinette* (1912) est un burlesque sans lien avec Lupin. Seuls, à notre sens, relèvent du pastiche, ceux titrés Arthème Dupin (*Arthème Dupin cambriolé, Arthème Dupin disparaît, Une invention d'Arthème Dupin, Arrêtera-t-on Arthème Dupin, Le Noël d'Arthème Dupin, Le Nouveau complice d'Arthème Dupin*) dans la longue série des Arthème – une soixantaine de titres entre 1912 et 1916.

Reste le cas d'un singulier ouvrage : *Sous le masque d'Arsène Lupin* de Claude Varennes, auteur vraisemblablement suisse si l'on en juge par sa collaboration avec Marcel de Carlini. Le corps de l'ouvrage est constitué du récit des exploits d'un escroc du nom d'Eugène Allmayer, dont l'auteur a trouvé trace dans différents ouvrages et en particulier dans les mémoires du commissaire Goron. Claude Varennes affirme qu'« Allmayer n'eut rien du légendaire justicier amateur que Maurice Leblanc a mis en scène », mais, chemin faisant, signale quelques traits qu'ils ont tous deux en commun, le goût pour les fausses identités nobiliaires, par exemple.

Mais surtout, l'ouvrage commence et finit par des chapitres « à la manière de Maurice Leblanc » qui mettent en scène le prince Rénine et Ganimard et qui voient Lupin déclarer « Je suis un rêve sorti du cerveau de Maurice Leblanc comme Minerve est issue du crâne de Jupiter, armée de pied en cap. »

Claude Varennes a fait un sort analogue à Conan Doyle avec *À l'ombre de Sherlock Holmes*, paru lui aussi dans la collection « Le disque rouge » des éditions de la Frégate.

POE EDGAR

Sherlock Holmes traitait Dupin de type « tout à fait inférieur ». Il n'en imitait pas moins ses méthodes de « lecture de pensée ». Contrairement à Holmes, Arsène Lupin a reconnu sa dette envers le père de la littérature policière, qu'il cite explicitement dans *L'Homme à la peau de bique*, dans *Le Bouchon de cristal* et dans *La Barre-y-va*.

Double crime dans la rue morgue est à la source de *L'Homme à la peau de bique* et avait déjà inspiré une nouvelle pré-lupinienne : « Un sauvetage », parue dans *Gil Blas* le 16 octobre 1892.

La Lettre volée est l'autre enquête du chevalier Dupin qui a particulièrement marqué Maurice Leblanc. Ce thème, éminemment chestertonien par ailleurs, de l'objet invisible à force d'être évident a inspiré deux nouvelles de *L'Agence Barnett* (« Gants blancs, guêtres blanches », « Les Douze Africaines de Béchoux »), ainsi que « La Carafe d'eau » (du recueil *Les Huit Coups de l'horloge*), *L'Arrestation d'Arsène Lupin* ou *Le Cabochon d'émeraude*. Dans *Le Triangle d'or*, Don Luis Perenna affirme qu'« il n'y a pas de cachette au monde qui vaille l'intérieur d'un tas de sable exposé dans un endroit public ». Et *Le Bouchon de cristal* évoque explicitement « la merveilleuse histoire d'Edgar Poe où la lettre volée et recherchée si avidement est, en quelque sorte, offerte aux yeux de tous ».

Le Scarabée d'or, qui n'appartient pas au cycle des enquêtes du chevalier Dupin, est cité par Lupin au chapitre VI de *La Barre-y-va*. Remi Schulz a aussi décelé son influence sur la nouvelle « Au sommet de la tour » qui ouvre le recueil *Les Huit Coups de l'horloge*.

Le n° 2 d'*Enigmatika*, qui étudiait ces conjonctions Dupin-Lupin concluait : « On sait l'importance de la lettre chez le champion des anagrammes [...] De Dupin à Lupin, la distance est courte, non un coup de dé insuffisant à abolir le hasard, mais un coup d'aile, la lettre envolée, volée par le roi de la cambriole ». L'édition d'*Arsène Lupin contre Herlock Sholmès* publiée par le « Club du Livre Policier » en avait d'ailleurs l'intuition puisque – *lapsus calami* révélateur – elle écrit, page 39, à propos des capacités de Ganimard : « Il lui manque ces éclairs de génie qui illuminent les **Lupin**, les Lecocq et les Sherlock Holmes ». Les autres éditions indiquent, comme il va de soi **Dupin** et non **Lupin**.

POÉSIE

Hormis ses citations prouvant que Lupin lisait les poètes, la poésie ne tient apparemment pas une grande place dans le canon lupinien. Lisant le long poème de Frère Thomas qui sert de pré-diction [50] à Vorski dans *L'Île aux trente cercueils*, Lupin en fait valoir « l'imbécillité des mots et la banalité du rythme ». Et on trouve encore quelques vers, d'allure nostradamique eux aussi – bien qu'ils soient attribués à Jeanne d'Arc – dans *Le Dernier Amour d'Arsène Lupin*.

On peut cependant soupçonner que le déroulement de certains événements dans les aventures d'Arsène Lupin obéit à une logique

---

50   Dans « Arsène Lupin homme de lettres » (*Europe* n° 571-572) François Raymond a montré la parenté de ces procédés avec ceux de Raymond Roussel, notamment dans le cas des « textes générateurs » induisant une action dans le récit qui leur succède.

« poétique » à la façon de Vorski qui agissait en fonction de la rime et de la césure : comme le verbe se fait chair, l'allitération se fait moteur.

Elle l'est, en tout cas, dans *L'Île aux trente cercueils*, hors même le poème de Frère Thomas. Les trente *cercueils* font explicitement écho à trente *écueils*. Le prénom de l'héroïne est homonyme du nom de la fleur : *Véronique*. L'air de rien, Lupin lui-même (II 4) s'amuse avec la rime *Pline-spleen* : « La valse des œufs de serpents, avec musique de Pline... Ohé ! Ohé ! plus de spleen... »

Dans *Les Douze Africaines de Béchoux* Lupin se moque du détective en jurant : « Flûte ». C'est bien la seule fois, par opposition aux très nombreux « crebleu ! » ou « crédieu ! ». C'est simplement pour faire écho à l'instrument de musique qu'il prétend étudier. Et, à la fin de *La Demeure mystérieuse*, il joue avec la quasi-homophonie entre le prénom de l'héroïne, « Arlette » et « ablette ». Le titre du premier chapitre de la seconde partie de *L'Éclat d'obus*, « Yser... misère » fait écho à une expression curieusement attribuée aux « boches ».

Outre les rimes verbales, on trouve abondamment, dans le canon lupinien, des « rimes de situation » familières à Raymond Queneau. Aux duplications de lieux bien connues de *La Demeure mystérieuse* et de *L'Aiguille creuse* (l'Aiguille et le château de la Creuse) on peut ajouter les duplications de situations, dans *Le Triangle d'or* (Patrice et Coralie pris dans un piège réitéré à vingt ans d'intervalle), ou la duplication des personnes (les deux épouses et les deux fils de Vorski dans *L'Île aux trente cercueils*, Antonine et Clara la blonde dans *La Femme aux deux sourires*).

Dans le n° 604-605 de la revue *Europe*, François Raymond avait scruté le « démon de la répétition » dans la saga lupinienne ainsi que l'omniprésence de la réitération des situations, refrain qui rythme la ballade lupinienne.

📖 Voir CULTURE LITTÉRAIRE

POLITIQUE

C'est sous l'identité de Don Luis Perenna qu'Arsène Lupin, dont les activités habituelles ont peu de lien avec la politique, sinon avec une conception très personnelle de la doctrine anarchiste [51] de la reprise individuelle, s'y frotte d'au plus près.

Dans *Le Triangle d'or*, il use de ses relations en Orient pour obtenir de la coterie ottomane dirigeant la Turquie la négociation d'une paix séparée, mais l'argent nécessaire – quelques centaines de millions – n'a pas été réuni par les Alliés pour des raisons tant financières que politiques. Deux mois plus tard, en avril 1916, la situation s'est aggravée, car l'armée russe n'a plus de munitions et le front oriental risque d'être percé. Il importe de permettre à la dernière puissance européenne restée neutre d'entrer en lice moyennant finance. Don Luis Perenna se refuse à un second échec diplomatique, mais il possède désormais un atout maître, les sacs d'or

---

51   Mais qu'on ne s'y trompe pas. Dans « Edith au cou de cygne », il déclare : « Il ne faudrait pas s'aviser de toucher à ce qui m'appartient... J'ai l'âme d'un conservateur, les instincts d'un petit rentier, et le respect de toutes les traditions et de toutes les autorités. »

qu'il a découvert dans le fameux triangle. Il négocie alors, avec le préfet de police Desmalions et le ministre Valenglay – « un homme assez vieux, de figure énergique et tourmentée » – avec qui Lupin a déjà eu affaire, la transmission à l'Italie des dix-huit cents sacs d'or dont il a découvert la cachette, camouflés par un procédé digne de celui de « La Lettre volée » d'Edgar Poe.

Dans *Les Dents du tigre*, il est amené à négocier à nouveau avec Valenglay, redevenu président du conseil, et le préfet Desmalions sa mise en liberté pour sauver Florence Levasseur des griffes – ou plutôt des dents – d'un terrible assassin. Il raconte alors comment fait prisonnier au Maroc par un groupe de Berbères, il en devint le chef et, aidé par ses anciens complices, il a conquis la moitié du Sahara, du Sud Maroc jusqu'au Sénégal, et il offre à la France, en échange de 24 heures d'élargissement, l'empire de Mauritanie, « un empire conquis, pacifié, administré, en plein travail et en pleine vie ». À l'issue de l'aventure, Valenglay reconnaîtra que « Don Luis s'est acquitté largement envers son pays... des dettes d'Arsène Lupin. »

Ses premières rencontres avec Valenglay, alors président du conseil, datent de *813* et de l'époque où Arsène Lupin était devenu le directeur de la Sûreté sous l'identité de M. Lenormand. Ce roman présente lui aussi un lien étroit avec la politique puisque l'intrigue tourne autour d'un document dont la divulgation publique aurait quelque retentissement, car il s'agit d'un projet de traité tripartite, entre l'Angleterre et la France d'un part, et l'Allemagne de l'autre.

Le modèle dont s'est servi Maurice Leblanc pour camper Valenglay n'est autre que Georges Clemenceau, l'instigateur de la création des fameuses brigades du Tigre. Comment ne pas rêver ici d'un apocryphe qui réunirait Arsène Lupin, le commissaire Valentin et les inspecteurs Pujol et Terrasson ?

Il n'est pas jusqu'au *Dernier Amour d'Arsène Lupin* qui ne flirte avec la politique puisque André de Savery s'y confronte avec le chef de l'Intelligence Service à propos d'un document de l'époque napoléonienne.

Enfin, les aventures d'Arsène Lupin, homme du monde, l'amènent à fréquenter, de près ou de loin, de nombreux politiciens, de l'infâme député Daubrecq (noter l'allusion au scandale de Panama dans *Le Bouchon de cristal*) au probe Maître Detinan. Lupin lui-même ne résistera pas au plaisir d'usurper l'identité d'un ancien ministre au prétexte que cette profession est assez encombrée pour ne point attirer l'attention.

PRESTIDIGITATION

Dans « Arsène Lupin prestidigitateur » (*Aiguille creuse* n° 2),
Patrice Bernard remarque que « le rapport de Lupin à la prestidigitation a été peu remarqué et mal étudié ». Et de combler très effica-
cement cette lacune.

Certes, nul n'ignore que Lupin a étudié l'art de la prestidigitation
avec Dickson[52] et avec Pickmann[53]. Mais Patrice Bernard va plus
loin. Il esquisse un parallèle entre Arsène Lupin et Houdini (tous

---

52 « L'Évasion d'Arsène Lupin ».
53 « L'Anneau nuptial ».

deux nés en 1874), rappelant que la manière dont Lupin s'échappe du fourgon cellulaire lors de sa spectaculaire évasion de la Santé[54] est semblable à l'exploit d'Houdini s'échappant par le plancher d'une charrette de prisonniers. Et surtout, il recense les diverses occurrences où Lupin agit en prestidigitateur comme son escamotage d'une pièce de cinq francs dans *L'Anneau nuptial,* ses utilisations de *gimmicks* (appareils conçus pour l'utilisation d'un tour), du « compérage » ou encore son utilisation magistrale de l'art du forçage psychologique. « Il a compris que le succès de l'illusionniste tient moins à la qualité de ses tours qu'à la croyance qu'il suscite dans le public ». Ainsi dans le cambriolage du château de Malaquis, « Lupin fait voir ce que l'on croit. N'est-ce pas la définition même de la prestidigitation ? La conviction, plus encore, la certitude, faussent la perception de ses adversaires ».

Patrice Bernard signale enfin qu'« il existe aujourd'hui dans le répertoire des illusionnistes des "tours Lupin" et des "coffrets Lupin" [...] bel hommage que la profession a rendu à l'un de ses meilleurs représentants » et que certains illusionnistes sont allés jusqu'à prendre son nom, son pseudonyme d'état civil.

Arsène Lupin ne se borne pas à la pratique de la prestidigitation. À l'instar encore d'Houdini, il se sert de cet art pour résoudre des énigmes apparemment insolubles : ainsi lorsqu'il résout le problème de l'apparition mystérieuse des lettres au moyen desquelles un mort s'adresse aux vivants dans *Les Dents du tigre.* Refusant le surnaturel pour lui substituer une explication rationnelle, il s'avère, tel le Grand Merlini, le limier de Clayton Rawson, incomparable

---

54 « L'Évasion d'Arsène Lupin ».

dans l'art de la « prestidigitection ». Ce mot-valise a été utilisé par Roland Lacourbe dans son anthologie consacrée aux *Magiciens du crime*, où il remarque que « l'exécution d'un tour de magie et la construction d'une intrigue policière (dans sa forme traditionnelle) procèdent de la même technique. Dans les deux cas, l'artiste doit produire un effet de surprise tout en cachant à son public le mécanisme qui lui permet de réussir son tour [...] La seule différence – mais de taille ! – étant que le magicien, de peur de détruire son illusion, ne doit jamais révéler son secret alors que l'écrivain, s'il veut satisfaire ses lecteurs, se doit, à chaque final, de révéler son truc ». Ce qui fait, finalement, Arsène Lupin davantage auteur de récits d'énigme que prestidigitateur. Maurice Leblanc pointe le nez derrière son héros.

PRÉTENTION (ET RÉSIGNATION)

Le n° 15 des *Monitoires du Cymbalum Pataphysicum*, voué à l'étude de « La Prétention », consacrait, dans le défilé des Prétendants, une étude à « Arsène 1er Empereur ». Elle assurait que la prétention au règne était la clé du destin d'Arsène Lupin.

Fils d'Henriette d'Andrésy, apparentée aux Dreux-Soubise, et du très roturier Théophraste Lupin, Arsène incarnait les théories de l'hérédité chères aux écrivains de son époque. Les chromosomes mâles amenèrent la cambriole ; les femelles générèrent le gentleman. Métis social, Arsène Lupin n'eut de cesse qu'il atteigne à un statut indiscutable pour lui et pour sa descendance.

Son mariage de 1904 avec Angélique de Sarzeau-Vendôme, princesse de Bourbon-Condé, fut une première tentative pour ce faire et pour engendrer un Arsène de Bourbon-Condé, de sang royal par sa mère. La légitimation par les liens de l'hymen ne lui réussit pas plus qu'à Napoléon Bonaparte et sa Marie-Louise ne lui donna même pas d'héritier. Le mariage fut « blanc ».

La deuxième tentative de légitimation utilisa une autre voie que celle des liens du sang : possesseur du secret de l'Aiguille, Lupin devint l'héritier des souverains qui, quelle que soit la dynastie, siégèrent par le SAVOIR. Ici le secret fait le roi. Démocratisant le secret, Isidore Beautrelet fit du royaume de l'Aiguille la chose publique (*res publica*).

Lupin ne renonça pas. Tel Napoléon plaçant ses parents sur les trônes européens, il voulut, de sa fille Geneviève, faire une Grande-Duchesse des Deux-Ponts Veldenz et remanier la carte de l'Europe par fantoches interposés. Il envisageait de reconstituer l'empire carolingien centré sur le Rhin et la Moselle, le domaine de Charlemagne explicitement invoqué comme ancêtre de Guillaume II. Le grand dessein impérial ressuscitait avec Arsène Lupin, rival direct du Kaiser : « Lupin, tu seras roi ! » s'exclame-t-il, « plus que roi : roi des rois ». C'est du saut de Tibère à Capri, résidence des Césars, que Lupin tenta sa sortie. Elle le mena au Second Empire, celui d'Afrique. Tel Maximilien devenu souverain du Mexique, tel Jacques Lebaudy, modèle possible de Maurice Leblanc, ou plutôt – car il n'était pas un parachuté comme ceux-ci – tel Orélie-Antoine de Tounens, fondateur du royaume d'Araucanie, Lupin bâtit vers 1916 son empire africain. Il en fut proclamé sultan sous le nom d'Arsène 1er.

Pas plus que ses homologues de Russie, d'Autriche-Hongrie, d'Allemagne ou de Turquie, l'empire mauritanien ne survécut aux remous de l'Histoire qui agitèrent le monde au lendemain de la Première Guerre mondiale. Arsène 1er resta unique. À l'image de Léopold de Belgique, il voulut bien léguer son domaine à la France.

Les historiens s'accordent à noter le rétrécissement du champ d'action lupinien après 1920 : bourgeoises mûres et non plus héritières du Gotha, petites énigmes policières et non plus grandes énigmes historiques, poste d'inspecteur de la brigade mondaine et non plus de chef de la Sûreté, Lupin renonça à ses ambitions dans un monde embourgeoisé où l'aristocratie était de plus en plus celle de l'argent.

L'ultime escarbille de sa quête de la légitimité fut sa liaison avec la reine Olga de Borostyrie, à laquelle il donna un héritier. Après avoir rêvé de l'Europe, puis régné sur l'Afrique, Arsène Lupin se contenta de cette principauté d'opérette. Il est un bon exemple de la résignation qui frappe les souverains des empires sur leur déclin, tel l'archiduc Jean-Salvator de Habsbourg, tel Pou-Yi, dernier empereur de Chine devenu « jardinier » (en réalité botaniste) dans la Chine communiste. Dans *813* déjà, à l'époque où la Chine devenait république pas encore populaire, Lupin rêvait de devenir jardinier tout en tirant les ficelles des Deux-Ponts Veldenz : « Oh la vie formidable ! Cultiver les fleurs et changer la carte de l'Europe » (*813* II 8).

Voir NAPOLÉON, BOTANIQUE

PROUST MARCEL

Le n° 5 de *L'Aiguille preuve* publiait un pastiche (non signé) intitulé « Elstir à Étretat » qui est tout autant un pastiche réussi de Marcel Proust qu'un pastiche d'Arsène Lupin. Le narrateur (Marcel) y reçoit la visite d'un inconnu, Raoul d'Andrézy. Celui-ci lui intime, sous peine qu'un malheur arrive à Albertine, de le laisser aller à sa place chez les Guermantes.

Chez ceux-ci est également présent Morel, le musicien et protégé de Charlus. Arsène Lupin, puisque c'est lui, se faisant passer pour le narrateur, frileux et engoncé dans sa pelisse, obtient de pouvoir contempler une marine d'Elstir, peinte dans le Pays de Caux et acquise par Oriane de Guermantes.

Lupin est de retour dans la salle à manger alors que la réunion tourne à l'aigre. Le soi-disant narrateur s'ingénie à provoquer la fureur de Morel qui, ivre, est conduit dans le salon aux Elstir. Les invités partis, le duc et la duchesse de Guermantes s'aperçoivent de la disparition du tableau : il ne reste que quelques cendres dans la cheminée.

Un nouvel entretien entre le narrateur et Lupin de retour chez lui porte sur les intermittences du moi. Arsène Lupin aux mille visages s'avoue, comme le narrateur, à la recherche de lui-même, « comme tous les policiers du monde ».

Par la suite, Lupin révèle à Maurice Leblanc que, lors de son séjour dans le salon des Guermantes, il s'est emparé du tableau d'Elstir et en a brûlé le cadre, faisant porter les soupçons sur Morel. Et il explique son mobile : non pas la peinture d'Elstir, qu'il goûte assez peu, mais parce que le tableau en question représentait l'Aiguille d'Étretat et le Fort de Fréfossé à marée basse avec, « détail incongru bien dans la manière du peintre [...] une procession d'une vingtaine de personnes chargées comme des déménageurs de ce qui semblait être des meubles, des bibelots et des statuettes ». Et sur le carnet d'esquisses afférent au tableau, on distinguait « dans la transparence des vagues, une ombre oblongue surmontée d'une sorte d'antenne qui émergeait des flots et à l'extrémité de laquelle luisait comme un œil de verre » : le « Sept de cœur ». Lupin ne pouvait risquer que cette peinture qui révélait le secret de l'Aiguille puisse tomber sous les yeux d'Herlock Sholmès ou de Beautrelet.

Pour le reste, Jacques Derouard a rappelé que Marcel Proust avait assisté à la représentation de la pièce *Arsène Lupin* au casino de Cabourg le 26 août 1909.

RADIO

C'est Maurice Leblanc lui-même qui présida à l'écriture de la première série radiophonique mettant en scène Arsène Lupin. Il fut l'auteur des trois pièces radio mises en ondes par Carlos Larronde et diffusées en février, mars et avril 1936 sur le poste Radio Cité. Pour deux d'entre elles, il s'agissait d'adaptations de nouvelles pour le micro : « L'Arrestation d'Arsène Lupin » et « Les jeux du soleil ». Quant à la troisième, elle s'intitulait « Peggy rencontre à nouveau Arsène Lupin ».

« Arsène Lupin, en chair et en os, interprètera son propre personnage. Mais la diffusion achevée, comment fera le gentleman-cambrioleur pour sortir du studio sans être arrêté par son implacable adversaire, le policier Ganimard ? » questionnait *L'Intransigeant*.

L'identité de l'acteur incarnant Lupin fut gardée secrète et la promotion de cette série joua de ce *gimmick*. Dans la revue *T.S.F.*

Programme du 17 avril 1936, parut une photographie représentant Maurice Leblanc serrant la main d'un acteur chapeauté et masqué. Deux autres comédiens, Simone Montalet et Fernand Sablot, firent partie de la distribution des trois épisodes.

L'année suivante, c'est la pièce de Francis de Croisset et Maurice Leblanc « Arsène Lupin » qui est donnée sur le poste Paris PTT le 26 décembre 1937 de 14 à 16 heures, avec Maurice Escande dans le rôle de Lupin et S. Dantès dans celui de Sonia Kritchnov. Cette même pièce sera diffusée sur le poste Bruxelles français le mercredi 19 janvier 1938 de 20 à 22 heures.

Il fallut attendre 1947 pour que le gentleman-cambrioleur revienne devant un micro, dans une émission de Radio Luxembourg sponsorisée par la firme Cadoricin pour *Les Aventures d'Arsène Lupin* le 26 septembre, puis pour *Le Bouchon de cristal*, interprétés par Pierre Brasseur.

Le 22 juin 1948, c'est la pièce de Maurice Leblanc et Francis de Croisset qui est donnée sur le Poste parisien de la radio française dans une réalisation de Léon Ruth, avec Paul Cambo, Lucien Nat, Jean Meyer, Roger Bontemps et Jacques Clancy. Le 3 octobre 1951, il revint sur Radio Luxembourg dans l'émission « L'Heure théâtrale » avec une adaptation du *Bouchon de cristal* par le réalisateur André Sallée sous le titre *Arsène Lupin*, avec Maurice Teynac dans le rôle-titre et Suzanne Flon.

En 1957, c'est au tour de la radio belge de porter Arsène Lupin au micro, du 27 février au 5 juin, pour une série d'adaptations de nouvelles dues à Louis Verlant. En 1960, c'est sous la houlette de Maurice Renault, le directeur de *Mystère Magazine* devenu producteur pour la RTF, qu'Arsène Lupin retrouva le chemin des studios radiophoniques pour une série qui dura du mois de février au mois de juillet de l'année suivante. Les adaptations des œuvres de Maurice Leblanc furent confiées à Jean Marcillac, auteur lui-même de romans policiers, qui avait déjà adapté pour le même producteur et la même station les Sherlock Holmes d'Arthur Conan Doyle. Réalisée par Abder Isker, « Les Aventures d'Arsène Lupin » furent diffusées sur la chaîne France II et proposèrent des adaptations de nouvelles et de romans, alors découpés en plusieurs épisodes (*Le Bouchon de cristal, L'Aiguille creuse*, etc...)

Arsène Lupin y était incarné par un jeune comédien, Michel Roux, qui fit carrière ensuite dans le théâtre de boulevard.

Au début des années 60, Arsène Lupin revint à plusieurs reprises sur les antennes de Radio Luxembourg, interprété de décembre 1962 à août 1963 par le chanteur Philippe Clay dans une adaptation du *Bouchon de cristal*, puis dans une adaptation – plutôt libre – de *Les Dents du tigre* sous le titre *Arsène Lupin* avec Bernard Noël dans le rôle d'Arsène (1963-64) et le 19 mai 1966, c'est Jacques Martin qui lui succédait dans l'adaptation de *La Femme aux deux sourires* signée par Robert Nahmias et réalisée par Jacques Lafond.

La radio suisse romande fit à plusieurs reprises une place à Arsène Lupin dans son émission emblématique « Énigmes et aventures ». Jean-François Hauduroy adapta au début des années 50 trois nouvelles (« Le Sept de cœur », « Les Jeux du soleil », « Le Mariage d'Arsène Lupin »), tandis qu'en 1959, Camylle Hornung, l'un des piliers de l'émission, adapta deux romans – *Le Bouchon de cristal, 813* – avec le comédien Yvon Cazeneuve dans le rôle de Lupin et

Robert Rothenhausen deux autres nouvelles (« L'Écharpe de soie rouge », « Le Signe de l'ombre »). Puis Arsène Lupin revint devant le micro entre 1984 et 1986 pour cinq autres aventures tirées de nouvelles (« La Mort qui rôde », « Herlock Sholmès arrive trop tard », etc...)

Arsène Lupin fit également quelques apparitions à la radio américaine en 1979-1982 dans l'émission *CBS Radio Mystery Theatre*, la dernière grande anthologie policière du pays. Il se voyait attribuer le patronyme d'Andrew Wolf et fut incarné successivement par Court Benson et Bob Dryden.

Il appartient à la radio allemande et à la station régionale SWR d'avoir ressuscité Arsène Lupin sur les ondes avec quatre adaptations de romans (*La Demoiselle aux yeux verts*, *L'Île aux trente cercueils*, *L'Aiguille creuse*, *La Comtesse de Cagliostro*) sous la direction du réalisateur Stefan Hilsbrecher et avec Samuel Weiss dans le rôle du gentleman-cambrioleur entre 2008 et 2011.

RAFFLES

Raffles, cambrioleur britannique, est un cas typique de « plagiat par anticipation ». En effet la première nouvelle le mettant en scène, « The Ides of March », est parue dans le *Cassell's Magazine* en juin 1898, premier texte d'une série de six publiés sous le titre générique *In the chains of crime*, et *The Amateur cracksman*, le volume les réunissant en compagnie de deux nouvelles supplémentaires (« Un assassinat », « Le Premier Pas ») en 1899, soit quelques années avant l'apparition d'Arsène Lupin. Il est vrai que la traduction française de ce volume chez Felix Juven, *Un cambrioleur amateur Raffles* ne parut que quelques jours après le recueil *Arsène Lupin gentleman-cambrioleur* chez Pierre Lafitte ; ce qui put faire prendre Raffles pour un émule de Lupin et non son prédécesseur.

Arthur J. Raffles est d'origine australienne, fils d'une famille aisée, et a fait ses études dans une *public school* huppée où il a fait la connaissance d'Harry Manders surnommé Bunny qui fut son bizuth. À l'université, il devint capitaine de l'équipe de cricket : « Au cricket, il était exceptionnel. Crosseur remarquable, brillant joueur de champ, le meilleur lanceur de sa décennie. »

S'il est facilement admis dans la bonne société, Raffles a pour ambition de faire fortune et il exerce pour cela l'activité essentiellement nocturne du cambriolage, dérobant bijoux et œuvres d'art selon des plans établis par lui et aidé par Harry Manders (Harold, en fait) qui, à la suite d'une partie de baccarat ruineuse, est devenu son complice.

Le créateur de Raffles et de son historiographe Bunny Manders n'est autre qu'Ernest William Hornung, écrivain anglais ayant résidé en Australie quelques années et qui épousa la sœur d'Arthur Conan Doyle, Constance.

A l'instar du père de Sherlock Holmes, il se débarrassa de son héros dans la nouvelle finale de *The Amateur cracksman*, « Le Présent de l'empereur », en le faisant plonger du pont du navire le « Uhlan » dans la Méditerranée après qu'il ait été convaincu du vol de la perle de l'empereur par le policier Mackenzie. Mais il le ressuscita dans deux autres recueils de nouvelles : *The black mask* (1901 – *Le Masque noir*, où il annonçait la mort de Raffles durant la

guerre des boërs) et *A Thief in the night* (1905 – *Le Voleur de nui*t),
puis dans un roman *Mr. Justice Raffles* (1909 – *Raffles cambrioleur
pour le bon motif*[55] – *Raffles le justicier*).

En 1903, E. W. Hornung écrivit avec Eugene Wiley Presbey une
pièce en quatre actes intitulée *Raffles the amateur cracksman* : de
fait, comme le signale Peter Rowland, c'est surtout Presbey qui
est responsable du texte de celle-ci. Il a assemblé deux nouvelles
(« Gentleman et professionnels », « Le Match retour ») en y ajoutant
quelques détails venus d'autres histoires et en remplaçant Mackenzie par un détective américain, Curtis Bedford, le Sherlock Holmes
de New York. La pièce fut d'abord créée aux États-Unis avec Kyle
Bellew dans le rôle de Raffles, notamment à New York à partir du
27 octobre 1903 pour 168 représentations. Puis à Londres le 12 mai
1906 avec Gerald du Maurier, le père de l'auteur de *Rebecca*, en
Raffles, Graham Browne en Bunny et Dion Boucicaut en Curtis Bedford.

En 1909, Hornung collaborera avec Charles Sansom à l'écriture
d'une seconde pièce, *A Visit from Raffles*, qui fut jouée à Londres
cette même année.

Mais entre-temps, la première pièce, adaptée par Dario Nicole-
mi, avait été montée à Paris avec succès au Théâtre Réjane, avec
André Brulé dans le rôle de Raffles et Gabriel Signoret dans celui de
Curtis Bedford. Elle sera remontée à plusieurs reprises et dans différents théâtres. Son succès précéda de peu ceux de *Sherlock Holmes*,

---

55   Paru chez Hachette en 1912 dans la « Bibliothèque des meilleurs romans étrangers », il sera réédité chez Pierre Lafitte, aux côtés des Arsène Lupin, dans la « Collection
des romans d'aventures et d'action » en 1920.

d'*Arsène Lupin* et de *Nick Carter détective*, lançant la mode de la pièce policière.

La pièce d'Hornung et Presbey fut donnée sur Radio Luxembourg dans l'émission « L'Heure théâtrale » le 5 mai 1952.

Tout comme Sherlock Holmes, Raffles eut les honneurs d'une seconde vie, mais sous la plume d'un seul autre auteur qu'Hornung. Ayant obtenu des ayants droit l'autorisation de reprendre le personnage, Barry Perowne le transforma en un voleur-justicier de l'époque moderne qu'il mit en scène dans des nouvelles parues dans la revue *The Thriller* puis dans des recueils de nouvelles (*Raffles after dark,* 1933, *Raffles in pursuit,* 1934, *Raffles under sentence,* 1935) et dans des romans (*She married Raffles,* 1937, *Raffles vs. Sexton Blake,* 1937, *Raffles' crime in Gibralta*r, 1937, *The A.R.P. myste*ry, 1939, *Raffles and the key man,* 1940). Cinq de ces volumes ont été traduits en France chez Arthème Fayard : *Le Retour de Raffles, Raffles et le masque d'argent, Raffles et l'homme à la clef, Raffles dans la nuit* et *Raffles se marie.*

Au début des années 1950, à l'instigation de Frederic Dannay, Barry Perowne replacera Raffles dans son époque victorio-édouardienne originale et composera une série de pastiches de grande qualité pour le *Ellery Queen's Mystery Magazine*, réunis ensuite en volumes : *Raffles revisited* (1974), *Raffles of the Albany (*1976) et *Raffles of the M.C.C.* (1979). Raffles y croise des personnages historiques : Gilbert K. Chesterton, Robert-Louis Stevenson, Oscar Wilde, Mark Twain, Somerset Maugham, Arthut Conan Doyle ou de fiction : Sherlock Holmes. Nous avons fait figurer plusieurs de ses nouvelles dans nos anthologies holmesiennes.

Bibliographie :

E W Hornung *Raffles cambrioleur amateur* (Omnibus, 2007)

avec une préface de Francis Lacassin « Arthur J. Raffles ou l'art du cambriolage version cricket et tasse de thé » et une postface de Jean-Luc Buard « Adaptations de Raffles au théâtre, au cinéma, à la radio et à la télévision ».

Peter Rowland *Raffles and his creator* (Nekta Publications, Londres, 1999).

N.B. On notera l'absence aussi bien de Raffles que d'E. W. Hornung dans le *Dictionnaire Arsène Lupin* de Jacques Derouard ; ce qui lui permet d'attribuer de façon toute cocardière une influence d'Arsène Lupin sur des auteurs anglo-saxons (Leslie Charteris, John Creasey, etc...) alors qu'il faut y voir bien plutôt celle de Raffles.

RAYMOND François († 1993)

Intendant au lycée Voltaire pour le vulgaire, François Raymond était membre fondateur de l'Oulipopo et Régent de Vernologie au Collège de » Pataphysique. Éminent spécialiste des études verniennes, roussellâtre comme cet autre dévot de Jules Verne que fut Jean Ferry, il ne négligea pas l'exégèse du *Surmâle* d'Alfred Jarry et celle des *Quatre vipères* de Pierre Véry. Ses études sur Arsène Lupin mériteraient d'être réunies en un volume, dispersées qu'elles sont dans la revue *Europe* (dans le n° 571-572 de novembre-décembre 1976, « Arsène Lupin homme de lettres » traite de *L'île aux trente cercueils* ; dans le n° 604-605 : « Arsène Lupin et le démon de la répétition »), dans *Énigmatika* (n° 8, sd, « Suivez le guide ») et, parue posthumément dans le n° 28 des *Monitoires du Cymbalum Pataphysicum* en 1993, une étude sur « *Le Sept de cœur* de Maurice Leblanc comme mise en œuvre de certaines propriétés des cartes à jouer ». La réunion de ces exégèses ferait apparaître plus qu'une méthode d'analyse : une œuvre.

RELIGION

Les préoccupations religieuses ou même, plus largement, eschatologiques, ne tiennent guère de place dans le cycle des aventures d'Arsène Lupin. Le nom de Dieu n'y est guère invoqué, même en vain, puisque le juron préféré des protagonistes est le très euphémiste « Crebleu ! », beaucoup plus fréquemment employé que « Crédieu ! ».

Dans *Le Piège infernal*, Lupin s'affiche certes « partisan de la métempsycose et de la migration des âmes ». Mais est-il sincère ou plastronne-t-il alors qu'il croit qu'il va mourir ?

Lors de sa conquête de l'empire du Sahara, Arsène Lupin s'est converti à l'Islam, tel Bonaparte en Égypte : simple « pratique » et conformité aux mœurs des indigènes, comme M. Fenouillard, Arsène 1er revêt le costume des naturels...

Dans *L'Agence Barnett*, c'est le hasard qui fait des miracles en faisant tomber du ciel une corde permettant d'escalader le Vieux Donjon de Mazurech : « pas la peine d'invoquer une intervention divine faussant les lois de la nature... Le miracle est de ceux que peut susciter de nos jours le simple hasard » affirme Jim Barnett.

Il est toutefois une exception à cet agnosticisme généralisé. Dans *L'Île aux trente cercueils,* le décor néo-testamentaire est largement utilisé. Outre la crucifixion, omniprésente, il n'est qu'à se référer aux titres des chapitres de la seconde partie : « Le Fléau de Dieu », « La Montée au Golgotha », « Éli, Éli, Lamma Sabachthani ». On flaire des relents de péché originel lorsque Véronique[56] d'Hergemont s'exclame (II, 2) : « Oh ! Pardon, mon François [...] Tout cela, c'est le châtiment des fautes que j'ai commises... autrefois. C'est l'expiation... Le fils expie pour la mère ». L'Ancien Testament est, lui aussi, invoqué lors de la lutte à mort entre les deux fils de Vorski, Abel devant tuer Caïn.

Il faut pourtant remarquer que tout cet attirail biblique se rattache au « superboche » Vorski. Lorsque Lupin, « le vieux druide » intervient, le Golgotha tourne à la rigolade. Lupin ne prétend même pas incarner la religion des Celtes face au luthérianisme teuton, sa défroque de coupeur de gui n'est qu'une mascarade. L'épilogue de *L'Île aux trente cercueils* est sans équivoque : la Pierre-Dieu n'a rien de divin. Lupin nie le miracle des fleurs monstrueuses de Maguennoc : « Il y a miracle si l'on accepte les explications surnaturelles. Il y a phénomène naturel si l'on recherche et si on trouve les causes physiques capables de susciter le miracle apparent ».

Et Lupin d'entonner le cantique scientiste : « La science ne tue pas les miracles, elle les purifie et les ennoblit ». Il garde toutefois

---

56 dont le prénom n'est pas seulement rapproché, dans le roman, de celui de la plante, mais encore de la sainte face saisie par la sainte femme.

assez de recul pour s'exclamer illico : « Allons, bon ! voilà que je m'emballe et que je chante une ode à la science », avant de retomber dans la thématique christique du rachat lorsqu'il annonce son intention de donner la radio-active Pierre-Dieu au laboratoire national qu'il a l'intention de fonder : « Ainsi la science purifiera le mal que la Pierre-Dieu a pu faire et la mauvaise aventure de Sarek sera rachetée ». On sait avec Auguste Comte combien la frontière est ténue entre science et religion.

Arsène Lupin, note Jacques Derouard[57], sait cependant tempérer ce scientisme de quelques « petites superstitions [qui sont] souvent le principe de nos actes les meilleurs. Et au chapitre 7 de *Victor de la brigade mondaine*, il pratique (ou fait semblant de pratiquer ?) la lecture des lignes de la main dans celle de la belle Alexandra Basileïef.

----

57 *Le Monde d'Arsène Lupin.*

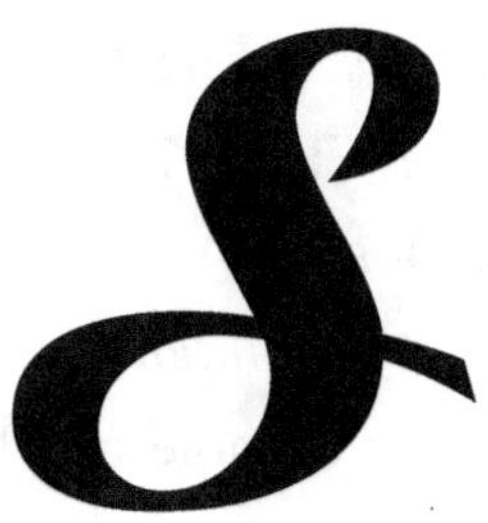

SOCIÉTÉ DES ÉTUDES LUPINIENNES

La Société des Études Lupiniennes est l'ancêtre mythique de la lupinologie moderne. Mythique, car son essence a précédé son existence : le virtuel a accouché d'un actuel. Mais, heureusement, d'un actuel pas tout à fait réel.

Jean-Claude Dinguirard a fait le point sur les publications de la Société des Études Lupiniennes dans les *Annales de l'Université de Toulouse-Le Mirail* (nouvelle série, tome VII, 1972, fascicule 2), texte repris dans *Énigmatika* n° 2 (« Dossier Arsène Lupin »). En ce qui concerne la *Revue des Études Lupiniennes,* les choses sont relativement claires : la revue compta 8 numéros (9 si l'on compte l'ultime livraison constituée par le récapitulatif évoqué ci-dessus d'« un lustre d'études lupiniennes »). Ces livraisons furent numérotées (à rebours) du n° 5 (1967) au numéro double 1-0 (1970). Il y eut encore en 1971 une livraison en deux volumes non numérotés : « Éléments pour une étude comparative des imitateurs, émules et épigones d'Arsène Lupin » par Michel Lebrun. Le n° 5 de la *Revue des Études Lupiniennes* a été réédité en 1980 dans une revue publiée près de Limoges : *Flagrant délit.*

Jean-Claude Dinguirard assurait que la *Revue des Études Lupiniennes* avait été précédée par quatre bulletins de liaison de la *Gazette des Études Lupiniennes,* publiés en 1965 et en 1966, ce qui explique que la première livraison de la *Revue des Études Lupiniennes* ait été numérotée 5. La « Petite bibliographie lupinienne » compilée par Jacqueline Bestiault dans le n° 2 d'*Énigmatika* cite quatre titres issus des numéros 1 et 3 de cette *Gazette,* dont seulement deux sont connus : « Méfiez-vous des contrefaçons », repris dans *Énigmatika* n° 8, et « La Première Arrestation d'Arsène Lupin » publié dans le n° 2 d'*Énigmatika.*

Quant à un hypothétique *Bulletin de la Société Fermière des Études Lupiniennes* à laquelle (la Société, pas le Bulletin) fait allusion Jean-Claude Dinguirard dans les *Annales de l'Université de*

Toulouse-Le Mirail, L'Aiguille preuve n° 16 en donne le sommaire, six titres qui étaient cités dans la *Bibliographie* de Jacqueline Bestiault. S'agit-il d'une reconstitution à partir de cette bibliographie ? Toujours est-il qu'une seule de ces études est avérée : celle de J.K. Karlsberg intitulée "Lupinisme et démographie". Elle parut dans le n° 27 des *Organographes du Cymbalum Pataphysicum* et fut reprise l'année suivante dans le n° 1 de *L'Aiguille creuse*. Un vieil Optimate qui a suivi de près l'élaboration du numéro des *Organographes* tient que cet article est apocryphe, ce qui jetterait un doute sur l'existence réelle des autres textes donnés comme étant parus dans un *Bulletin de la Société Fermière des Études Luniennes.*

Tous ces mystères se dissipent si l'on veut bien considérer que la distinction entre virtuel et actuel sont purement rhétoriques et que le virtuel, tel le Verbe divin ou les hrönir de *Tlön Uqbar orbis tertius,* peut finir par s'incarner. La concrétisation de l'imaginaire est le symétrique de la solution dans l'imaginaire.

TABAC

Sauf erreur ou omission, pour reprendre la formule conjuratoire d'usage, Arsène Lupin fume 38 fois, lors de 18 enquêtes du Canon : 34 fois des cigarettes, 4 fois des cigares et jamais la pipe (il en détint cependant une dans *L'Évasion d'Arsène Lupin*). Les cigares de Lupin sont des havanes (des Upman est-il précisé à deux reprises) : c'est confirmé dans *La Cagliostro se venge* où Le Bouc fume "les havanes d'Arsène Lupin". Quant aux cigarettes, la pièce *Arsène Lupin* précise que Lupin-Charmerace ne fume pas du "caporal", mais du "tabac jaune", du "Mercédès".

Parue dans *L'Aiguille preuve* n° 7, une étude fouillée a étudié "Les cigar (ett) es d'Arsène Lupin". Philippe Radé, son auteur, répugne visiblement à faire de Lupin un véritable fumeur victime d'une addiction à la nicotine. Il tient qu'Arsène Lupin fut un fumeur intermittent et rarement pour le plaisir. Il utilisait le plus souvent la cigarette par pose, pour faire durer le suspense avant révélation, ou par provocation [58]. Il remarque que, dans *La Dame blonde*, Arsène Lupin assure à Maurice Leblanc qu'il ne fume pas et ajoute qu'« il a été non-fumeur à certaines époques de sa vie. Au restaurant, il ne veut ni viande ni alcool, par hygiène dit-il. Et il ajoute qu'il ne commet des infractions que quand il va dans le monde, pour ne pas se singulariser ». Ce doit être la même chose, à plus forte raison, pour le tabac, conclut Philippe Radé, qui rappelle que Lupin est adversaire du tabagisme passif et que, dans le train Paris-Rouen, la perspective d'effectuer le trajet en compagnie de cinq fumeurs lui est tellement désagréable qu'il se réfugie dans un compartiment voisin.

Un des grands motifs qui pouvait pousser Arsène Lupin à allumer une cigarette peut se comprendre à la lumière de ce que recommandait un manuel de savoir-vivre à l'usage des ecclésiastiques à la fin du XIXe siècle : s'abstenir de fumer *sauf pour raison médicale* ! Le tabac n'était alors pas considéré comme oncogène, mais paré de vertus médicinales.

Désœuvré, dépressif, Sherlock Holmes s'injectait une solution de cocaïne à 7 %. Lupin, constate Philippe Radé, fumait dans les moments difficiles, les périodes de doute et d'abattement. C'est lorsqu'il réfléchissait que Sherlock Holmes fumait le plus : on connaît le fameux « problème de trois pipes » dans *La Ligue des rouquins*. Arsène Lupin fonctionne de la même façon : dans *Le Triangle d'or*, le problème de la cachette des 1 800 sacs d'or est un problème d'un quart de cigarette.

---

58   Cf *La Demoiselle aux yeux verts* où il aborde régulièrement le policier Marescal avec sa petite phrase narquoise : « As-tu du feu, Rodolphe ? ».

Les holmésologues ont estimé que l'abus du tabac avait entraîné chez le détective des troubles de la vision l'ayant conduit, sur ses vieux jours, à une semi-cécité. Lupin, qui fuma jusqu'à la fin de sa carrière[59] mourut-il victime du tabagisme ? Philippe Radé calcule qu'il disparut vers 1939, à l'âge de 65 ans, ce qui, remarque-t-il, était, au XXe siècle, la moyenne de l'âge au décès des fumeurs.

TÉLÉVISION

En 1969, le producteur Jacques Nahum, directeur de Mars International, entreprend de mettre sur pied une série dédiée à Arsène Lupin pour la deuxième chaîne de l'ORTF. Mais il doit composer avec la faiblesse des budgets alloués à cette époque à la télévision qui aura deux conséquences : la translation des intrigues de la Belle Époque (1900-1910) aux Années Folles (1925) et le montage d'une coproduction internationale avec de nombreuses chaînes européennes. Ce qui imposait le tournage dans plusieurs pays d'Europe et conséquemment l'écriture de scripts originaux, les aventures d'Arsène étant situées presqu'en totalité sur le sol français.

La première série fut diffusée en 1971 et se compose, d'une part d'adaptations d'œuvres de Maurice Leblanc, réalisées par un excellent téléaste, Jean-Pierre Decourt (*Rocambole, Gaspard des montagnes*), et écrites par de bons scénaristes : René Wheeler, Albert Simonin, Claude Brulé (neveu de l'acteur André Brulé) ; et d'autre part de scénarios inédits tournés par des réalisateurs étrangers. Cet

---

59 Cf *Le Dernier Amour d'Arsène Lupin*, p. 202.

ensemble hétéroclite devait trouver son unité grâce au comédien choisi pour incarner Arsène Lupin. Ce fut à Georges Descrières, sociétaire de la Comédie française où il avait interprété *Don Juan*, qu'échut le rôle-titre pour lequel il joua 63 personnages différents (*Télérama* n° 1112 du 9 mai 1971). Les avis sur son interprétation divergent. Hervé Dumont estime qu'« il fait parfaitement ressortir les caractéristiques du protagoniste, joignant à la gouaille populaire le snobisme mondain, le cynisme du voleur de "mauvais riches" au panache du redresseur de torts ». Pour notre part, nous estimons qu'il a donné d'Arsène Lupin une version caricaturale – un bellâtre de vaudeville –, aidé, il faut le dire, par les adaptations auxquelles on peut faire les mêmes reproches que François Truffaut faisait au film de Jacques Becker. Exit « le côté plus ténébreux, machiavélique, calculateur » qu'Alexandre Astruc attribue fort justement au personnage.

Une deuxième série – nous dirions aujourd'hui une deuxième saison – fut entreprise, en raison du succès de la première, et diffusée en 1973. Elle reprenait la même formule que la première : des adaptations d'œuvres de Maurice Leblanc réalisées par Jean-Pierre Desagnat et des scripts originaux tournés dans deux pays européens, avec toujours Georges Descrières dans le rôle-tite. Mais elle affadissait plus encore un mythe lupinien déjà bien édulcoré.

Arsène Lupin

Production Mars International/ORTF

co-production : les télévisions belge, suisse-romande, canadienne, hollandaise, allemande, autrichienne et italienne avec : Georges Descrières (Arsène Lupin), Yvon Bouchard (Grognard), Roger Carel (Guerchard)

1 *Le Bouchon de cristal*, r. : Jean-Pierre Decourt, sc. : Jacques Nahum et René Wheeler, avec Daniel Gélin, Nadine Alari, 18 mars 1971.

2 *Victor de la brigade mondaine*, r. : Jean-Pierre Decourt, sc. : Claude Brulé, avec Marthe Keller, Pierre Massimi, 25 mars 1971.

3 *Arsène Lupin contre Herlock Sholmes : Le Diamant bleu*, r. : Jean-Pierre Decourt, sc. : Claude Brulé, avec Henri Virlojeux (Herlock Sholmes), Marc Dudicourt, 1 avril 1971.

4 *L'Arrestation d'Arsène Lupin*, r. : Jean-Pierre Decourt, sc. : Claude Brulé d'après *Arsène Lupin gentleman-cambrioleur*, avec Marthe Keller, William Sabatier, 8 avril 1971.

5 *L'Agence Barnett*, r. : Jean-Pierre Decourt, sc. : Jacques Nahum et René Wheeler (comprend deux parties : *On a volé le trésor du roi Dagobert — Le vol des titres de maître Gassire*), avec Jacques Balutin (Béchoux), Michèle Bardollet.

6 *La Fille aux yeux verts*, r .: Dieter Lemmel, sc. : Albert Simonin, Rolf et Alexandra Becker d'après *La Demoiselle aux yeux verts*, (Allemagne) 22 avril 1971.

7 *La Chaîne brisée*, r. : Paul Cammermans, sc. : Jean Marcillac, avec Fons Rademaker, (Pays-Bas) 29 avril 1971.

8 *La Femme aux deux sourires*, r. : Marcello Baldi, sc. : Albert Simonin, Ducio Tessari, Adriano Barocco, (Italie) 6 mai 1971.

9 *La Chimère du calife*, r. : Dieter Lemmel, sc. : Albert Simonin, Rolf et Alexandra Becker, (Allemagne) 13 mai 1971.

10 *Une femme contre Arsène Lupin*, r. : Tony Flaadt, sc. : Jacques Armand, avec Louis Arbessier, François Simon, Juliette Mills, (Suisse italienne) 20 mai 1971.

11 *Les Sept Anneaux de Cagliostro*, r. : Wolf Dietrich, sc. : Georges Grammont, Rolf et Alexandra Becker, (Autriche) 27 mai 1971.

12 *Les Tableaux de Tornbüll*, r. : Dieter Lemmel, sc. : Georges Grammont, Rolf et Alexandra Becker, (Allemagne) 3 juin 1971.

13 *Le Sept de cœur*, r. : Jean-Louis Colmont, adapt. : Nathan Grigorieff d'après un épisode de *Arsène Lupin gentleman-cambrioleur*, (Belgique) 10 juin 1971.

Deuxième série

1 *Herlock Sholmès lance un défi*, r. : Jean-Pierre Desagnat, sc. : Claude Brulé d'après *Arsène Lupin contre Herlock Sholmès*, avec Henri Virlojeux (Herlock Sholmès), Sophie Agacinski, Bernard Dhéran, Jacques Monod, 18 décembre 1973.

2 *Arsène Lupin prend des vacances*, r. : Jean-Pierre Desagnat, sc. : Nathan Grigorieff d'après *813,* dialogues : Albert Simonin, avec Jacques Debary, Jacques Monod, Claude Degliame, 20 décembre 1973.

3 *Le Mystère de Gesvres*, r. : Jean-Pierre Desagnat, sc. : Albert

Simonin d'après *L'Aiguille creuse*, avec Thérèse Liotard, Bernard Giraudeau (Beautrelet), 22 décembre 1973.

4 *Le Secret de l'Aiguille*, r. : Jean-Pierre Desagnat, sc. : Albert Simonin d'après *L'Aiguille creuse*, avec Henri Virlojeux (Sholmes), Bernard Giraudeau (Beautrelet), Catherine Rouvel, 25 décembre 1973.

5 *L'Homme au chapeau noir*, r. : Jean-Pierre Desagnat, sc. : Claude Brulé d'après *Arsène Lupin contre Herlock Sholmès*, avec Henri Virlojeux (Sholmes), Nicole Calfan, 27 décembre 1973.

6 *L'Écharpe rouge*, r. : Jean-Pierre Desagnat, sc. : Claude Brulé, avec Sacha Pitoeff, Prudence Harrington, 28 décembre 1973.

7 *La Demeure mystérieuse*, r. : Jean-Pierre Desagnat, sc. : Georges Berlot, dialogues : Robert Scipion, avec Evelyne Dress, Marika Green, Jacques Toja, 5 janvier 1974.

8 *Les Huit Coups de l'horloge*, r. : Jean-Pierre Desagnat, sc. : Claude Brulé, dialogues : Robet Scipion, avec Corinne Le Poulain, François Maistre, 12 janvier 1974.

9 *La Dame au chapeau à plumes*, r. : Wolf Dietrich, sc : Rolf et Alexandra Becker, (Autriche), 19 janvier 1974.

10 *La Danseuse de Rottenburg*, r : Fritz Umgelter, sc. : Rolf et Alexandra Becker, avec Marie Versini, (Allemagne), 26 janvier 1974.

11 *Le Film révélateur*, r. : Fritz Umgelter, sc. : Rolf et Alexandra Becker, (Allemagne), 2 février 1974.

12 *Double jeu*, r. : Fritz Umgelter, sc. : Rolf et Alexandra Becker, (Allemagne), 9 février 1974.

13 *Le Coffre-fort de madame Imbert*, r. : Jean-Pierre Desagnat, sc. : Albert Simonin, avec Pascale Roberts, Marthe Mercadier, Raymond Bussières, 16 février 1974.

———

En 1979, était diffusé sur Antenne 2 un feuilleton tiré d'un roman de Maurice Leblanc, *L'Île aux trente cercueils*, réalisé par Marcel Cravenne sur un scénario de Robert Scipion. Mais tous deux avaient choisi de ne pas y faire figurer Arsène Lupin (lequel n'apparaît qu'à la fin du roman pour jouer les *deus ex machina*) et de se concentrer sur le côté gothique de cette histoire de malédiction, de prédiction macabre et de vengeance. Pourtant cet excellent feuilleton était empreint de cette atmosphère de mystère et d'onirisme qui faisait cruellement défaut à la série.

L'Île aux trente cercueils, réalisation : Marcel Cravenne, adapt. : Robert Scipion, avec Claude Jade, Yves Beneyton, Georges Marchal, Jean-Paul Zehnacker.

6 épisodes d'une heure du 21 septembre au 6 octobre 1979.

L'année suivante, Arsène Lupin retrouvait le chemin du petit écran dans un feuilleton co-écrit et réalisé par un grand réalisateur, Alexandre Astruc, le théoricien de la caméra-stylo, qui signait une adaptation d'une grande fidélité au roman dont il était tiré. Jean-Claude Brialy, qui avait déjà joué au cinéma le fils d'Arsène Lupin et avait refusé le rôle d'Arsène dans la série, trouvant le personnage trop simpliste et peu fidèle au modèle, y incarnait brillamment le gentleman-cambrioleur : « Il a su donner vie à toutes les facettes du personnage : le visionnaire politique, l'*armchair détective* de génie concentré et tendu, l'amoureux éconduit, le joueur qui doute au moment de vaincre l'adversaire et que gagne le découragement. » (*Meurtres en série*)

Alexandre Astruc projetait d'adapter un autre Lupin, *Les Dents du tigre*, mais le public, comme, ô honte ! la critique TV, fut déçu de n'y pas retrouver l'Arsène Lupin blagueur et rigolard vendu par la série et la chaîne renonça à produire ce feuilleton que Jean-Claude Brialy avait accepté de jouer.

Arsène Lupin joue et perd, réalisation : Alexandre Astruc, sc. : Alexandre Astruc et Roland Laudenbach, d'après *813*, avec Jean-Claude Brialy, Christiane Kruger, Maurice Biraud, Jacques Dacqmine, François Maistre Antenne 2, 6 épisodes diffusés du 12 au 27 décembre.

Mais Jacques Nahum n'en avait pas fini avec le personnage d'Arsène Lupin qui le fascinait toujours : « un personnage ludique et généreux, astucieux et élégant, susceptible de donner une certaine image de la France à l'étranger grâce à son refus de la violence et à son attitude galante avec les femmes » (*Le Monde Radio-télévision* du 13 novembre 1994). Il produisit pour FR3, qui la diffusa en 1989, une nouvelle série, *Le Retour d'Arsène Lupin*, sur le même principe d'une coproduction internationale et de tournages dans différents pays d'Europe (Suisse, Belgique, Allemagne, Portugal, Pologne, Espagne, Yougoslavie) et dans le même esprit de comédie policière qui a souvent prévalu dans les deux premières séries et au cinéma. Les intrigues subirent à nouveau une translation temporelle vers les années 1930 pour les mêmes raisons de coût des reconstitutions historiques. L'acteur choisi pour incarner le rôle de Lupin avait joué d'Artagnan au théâtre. François Dunoyer en donna une composition qui fit de lui, non pas Arsène Lupin lui-même, mais son fils sans aucun doute. Une autre innovation apparut aussi dans cette série, inspirée sans doute des apocryphes holmesiens : la rencontre avec des personnages historiques, par exemple Einstein dans *Un savant bien tranquille* qu'Arsène protège de tueurs nazis.

Le succès de la série entraîna quelques années plus tard la réalisation d'une suite avec le même François Dunoyer et toujours l'excellent Paul Le Person dans le rôle de Ganimard : *Les Nouveaux exploits d'Arsène Lupin* sur le même principe d'une coproduction internationale. Dans ces nouveaux exploits fut reconduit le principe de la rencontre entre Lupin et des personnages historiques : Sigmund Freud, Ernest Hemingway et Lucky Luciano...

Pour aussi plaisants que soient les épisodes des deux saisons lupiniennes de François Dunoyer, il reste que la télévision française ne s'est pas montrée capable d'offrir à Arsène Lupin une série qui soit à la hauteur de l'œuvre de Maurice Leblanc et qui en respecte toutes les composantes à l'instar de ce que la télévision britannique a su faire avec le *Sherlock Holmes* de la Granada incarné par Jeremy Brett. Grande-Bretagne 1 – France 0.

Le retour d'Arsène Lupin

avec François Dunoyer, Eric Franklin (Grognard), Paul Le Person (Ganimard).

1 *Le Médaillon du pape*, r. : Vittorio Barino, sc. : Francis Lacassin et Michel Subiela, avec Catherine Alric, 10 novembre 1989.

2 *Lenormand chef de la Sûreté*, r. : Michel Wyn, sc. : Jacques Nahum et Philippe Delannoy, avec Yolande Folliot, 17 novembre 1989.

3 *La Camarade Tatiana*, r.: Jacques Besnard, sc. : Albert Kantof et Jacques Nahum, avec Bernard Dhéran, 24 novembre 1989.

4 *Le Triangle d'or*, r. : Philippe Condroyer, sc. : Patric Besson, Philippe Delannoy et Jacques Nahum, avec Sophie Barjac, Didier Flamand, 1 décembre 1989.

5 *Un savant bien tranquille*, r. : Michel Boisrond, sc. : Jacques Nahum et David Lachterman, avec Daniel Goldenberg (Albert Einstein), 8 décembre 1989.

6 *Les Flûtes enchantée*s, r. : Théo Mezger, sc. : François Chevallier, 15 décembre 1989.

7 *Le Canon de Junot*, r. : Michel Wyn, sc. : Jacques Nahum, Michel Wyn et Louis Grospierre, 22 décembre 1989.

8 *Les Dents du tigre*, r. : Théo Mezger, sc. : Jacques Nahum et Mathieu Boudjedra, 29 décembre 1989.

9 *Un air oublié*, r. : Michel Boisrond, sc. : Robert Scipion et Kryztoft Toeplitz, 5 janvier 1990.

10 *La Sorcière aux deux visages*, r. : Michel Wyn, sc. : Jacques Nahum, Michel Wyn et Mathieu Boudjedra, 12 janvier 1990.

11 *La Comtesse de Cagliostro*, r. : Jordi Cadena, sc. : Bernard

Stora, Jacques Nahum et Philippe Delannoy, 19 janvier 1990.

12 *Le Bijou fatidique*, r. : Serge Friedman, sc. : Jacques Nahum, avec Rade Serbedzija (Herlock Sholmes), 26 janvier 1990.

Les nouveaux exploits d'Arsène Lupin

avec François Dunoyer, Eric Franklin (Grognard), Paul Le Person (Ganimard).

1 *La Tabatière de l'empereur*, r .: Alain Nahum, sc. : Jacques Avanac et Albert Kantof, 20 mai 1995.

2 *La Robe de diamants*, r. : Nicolas Ribowski, sc. : Jacques Nahum et Philippe Delannoy, avec Michèle Laroque, Antoine Dulery, 3 juin 1995.

3 *Requins à La Havane*, r. : Alain Nahum, sc. : Jacques Avanac et Albert Kantof, 17 juin 1995.

4 *Rencontre avec le docteur Freud*, r. : Vittorio Barino, sc. : Christian Watton et Jacques Nahum, avec Eva Grimaldi, Ugo Pagliai, 9 septembre 1995.

5 *Le Masque de jade*, r. : Philippe Condroyer, sc. : Philippe et Mariette Condroyer, avec Charlotte Kady et Corinne Touzet, 1 novembre 1995.

6 *Herlock Sholmès s'en mêle*, r. : Alain Nahum, sc. : Jacques Avanac, Albert Kantof et Philippe Delannoy, 9 décembre 1995.

7 *Les Souterrains étrusques*, r. : Vittorio de Sisti, sc. : Jacques

Nahum et Christian Watton sur une idée de Richard Caron, 10 février 1996.

8 *L'Étrange Demoiselle*, r. : Marc Voizard, sc. : Pierre Billon, 7 juillet 1996.

La télévision française ne fut pas la seule à s'intéresser à Lupin. Le site *Internet Movie Database* (IMDB) signale une minisérie de la télévision argentine en 1961, *Arsenio Lupin,* avec Narciso Ibanez Menta (Lupin), Manuel Alcon, Selva Aleman. Le résumé qui en est donné montre qu'il s'agit d'une adaptation de la pièce de Leblanc et de Croisset.

La télévision japonaise diffusa en 1984-85 une série d'animation mettant en scène non Arsène Lupin, mais son petit-fils cambrioleur, Lupin III. Rupan devint ensuite le héros d'une suite de téléfilms d'animation et même d'un jeu vidéo.

Référence : *Meurtres en séries* de Jacques Baudou et Jean-Jacques Schléret, Huitième Art Editions, 1990.

THÉÂTRE

Maurice Leblanc s'associa avec Francis de Croisset, l'auteur de *Nous avons fait un beau voyage* et de quelques succès théâtraux pour écrire une pièce mettant en scène Arsène Lupin dont le premier volume des aventures venait de paraître chez l'éditeur Pierre Lafitte. Est-ce lui ou son coauteur qui fut à l'origine du projet ? La biographie de Jacques Derouard avance que c'est le second qui, « séduit par la verve, l'imagination, la variété de ressources » du personnage aurait proposé d'en faire le héros d'une pièce. Toujours est-il que Maurice Leblanc qui avait déjà une petite expérience d'auteur dramatique – il avait collaboré avec Maurice Donnay et Dutriacq à l'écriture de *Lysistrata* en 1892 – et Francis de Croisset rédigèrent un premier scénario qu'ils soumirent en décembre 1907 au docteur Abel Deval, directeur de l'Athénée, et à André Brulé, le comédien qui avait remporté un grand succès en incarnant le champion de cricket-cambrioleur Raffles au théâtre Réjane en juin 1907.

Sur les conseils de Deval, les deux auteurs modifièrent le scénario et entreprirent la rédaction d'une pièce en quatre actes en août 1908, *Arsène Lupin*, basée sur une intrigue originale. Lupin s'y produisait sous l'identité du duc de Charmerace et les auteurs, craignant la confusion entre Ganimard et Gallimard, baptisèrent le policier auquel il était opposé du nom de Guerchard.

La pièce fut créée le 28 octobre 1908 au Théâtre de l'Athénée avec André Brulé dans le rôle-titre, Paul Escoffier dans celui de Guerchard, Bullier dans celui de Gournay-Martin, Laurence Duluc dans celui de Sonia Krichnoff, la dame de compagnie qui suscite l'intérêt amoureux de Charmerace, Jeanne Rosny dans celui de Germaine Gournay-Martin et une vingtaine d'autres comédiens.

On trouvera plusieurs photos de la pièce dans le *Comœdia* du 29 octobre 1908, et une photo d'André Brulé en haut-de-forme, encadré par les deux auteurs, dans *Je sais tout* du 15 décembre 1908.

La critique fut unanime à saluer l'œuvre et ses interprètes. « Cette pièce, terriblement amorale et irrésistiblement entraînante, a été très bien jouée. M. André Brulé est un Lupin-Charrmerace on ne peut plus gentleman, et l'acteur a autant d'aisance dans son jeu que le héros dans ses actes » lisait-on dans le *Journal des Débats* du 30 octobre, alors que François de Nion écrivait dans *L'Écho de Paris* du 29 octobre : « Arsène Lupin, c'est André Brulé qui joue ce nouveau Raffles avec l'élégante désinvolture, l'impertinence et l'audace qu'il faut en sachant mêler à ces dons des qualités de sobre émotion et parfois de véritable puissance ». Et *Le Figaro* à la même date constatait : « Vous y retrouverez à chaque instant l'esprit délié, l'ironie fringante et l'élégance avisée de Francis de Croisset ainsi que l'imagination très artiste de M. Maurice Leblanc. Grâce à eux, la pince-monseigneur a presque réussi à forcer la porte de la littérature. »

La pièce fut un énorme succès public. Elle fut reprise à l'Athénée en juillet 1912 avec Paul Brousse dans le rôle de Lupin : « Il est loin d'avoir le charme et l'élégance surtout de son devancier, mais il rachète ces défauts par un jeu plus sobre, plus naturel, une diction très juste. » notait le *Gil Blas* du 7 juillet en saluant ce qu'il qualifiait de chef-d'œuvre de la pièce policière française.

André Brulé reprendra, lui, le rôle à de nombreuses reprises entre 1920 et 1934 : au Théâtre Réjane en 1920, au Théâtre de la Porte Saint-Martin en 1922, au Théâtre de Paris en 1924, au Théâtre

Sarah Bernhardt et au Théâtre Edouard VII en 1929, au Théâtre du
Gymnase en 1930, au Théâtre du Ba-ta-clan et au théâtre Moncey
en 1931 et une dernière fois au Théâtre Sarah Bernhardt en juin
1934, avec des distributions renouvelées.

Mais au Théâtre de l'Empire en juillet 1921, c'est Argentin qui
incarna Lupin face à Irma Genin.

La pièce fut finalement reprise en juillet 1941 au Théâtre
Edouard VII. Jean Max, « don Juan mûrissant, joue le rôle d'Arsène
Lupin avec une sobriété ironique qui ne fait pas oublier le lyrisme
en forme de pâtisserie du style 1900 dont M. André Brulé avait marqué le personnage » (Alain Laubreaux dans *Le Petit Parisien*) alors
que Constant Rémy incarne Guerchard.

Après le triomphe de L'Athénée, Arsène Lupin n'allait pas tar-
der à retrouver les planches, mais cette fois-ci, ce ne sera pas sous
la gouverne de Maurice Leblanc. Le 28 octobre 1910 avait lieu au
Théâtre du Châtelet la première de *Arsène Lupin contre Herlock
Sholmès*, pièce en quatre actes et 22 tableaux adaptée par Victor
Darlay et Henri de Gorsse des œuvres de Leblanc. Le rôle d'Arsène
Lupin était tenu par Henry Jullien, celui de Herlock Sholmès par
Henry-Houry et celui de Ganimard par Moricey.

« Dissimulé derrière la barbe blanche et le chic du prince de
Mirande, roi des élégances parisiennes, notre bon Arsène Lupin fait
voler des réticules au Pré Catelan, endort le banquier Gottlieb et se
revêt de son déguisement de Chantecler pour subtiliser un diamant
de cent millions à un vague pacha, bluffe l'inénarrable inspecteur
de la Sûreté Ganimard, jette à terre par suite de sortilèges – nous
sommes à Luna Park – l'armée d'agents lancés à sa poursuite, se

fait arrêter par Ganimard pour échapper au redoutable Herlock, et pour s'évader au coin de la rue de Richelieu et des boulevards, attire ledit Herlock dans sa chasse de Villers-Cotterêts, l'enferme dans sa grotte magique, l'enchevêtre dans la pire camisole de force ! » résume l'article du *Journal*, tandis que le *Gil Blas* qualifie l'ouvrage de « somptueuse féérie policière ».

L'année suivante, Maurice Leblanc écrira un sketch intitulé *Une aventure d'Arsène Lupin*, joué par André Brulé, dans une revue de Wilned et Jos*é, Elle a le sourire !*, représentée au music-hall La Cigale du 15 septembre au 15 octobre 1911. Le texte du sketch est perdu, mais *Comœdia* en a donné le résumé suivant, cité par Francis Lacassin : « Arsène Lupin se faufile chez des bourgeois pour voler un collier de perles. Il emprisonne les agents venus pour l'arrêter. »

Maurice Leblanc s'associera à nouveau avec Francis de Croisset pour écrire une pièce en un acte intitulé *Le Retour d'Arsène Lupin* qui ne sera pas représentée mais sera publiée dans *Je sais tout* n° 177 et 178 en septembre et octobre 1920.

Arsène Lupin, après une longue éclipse, est revenu faire un tour sur les planches des théâtres. Le site *Les archives du spectacle* signale un *Arsène Lupin contre Herlock Sholmès* donné en 1994 à « La balle au bond », un *Le Secret de l'Aiguille creuse* adapté par Gilles Gleizes donné en 1997, un *Avec les compliments d'Arsène Lupin* de Patrick Martinez-Bournat, d'après Leblanc, donné en 2007 et un *Arsène Lupin* adapté par Delphine Piard, donné au Théâtre Michel en 2014.

Bibliographie :

— *Arsène Lupin* :

L'Illustration théâtrale n° 115, 27 mars 1909.

Arsène Lupin, Pierre Lafitte, 1909.

Le Théâtre de Maurice Leblanc, Pierre Lafitte, 1931.

Arsène Lupin contre Herlock Sholmès, Club du livre policier, Opta, 1958.

Arsène Lupin volume 1 collection « Bouquins », Robert Laffont, 1986 (qui contient aussi le texte du *Retour d'Arsène Lupin*).

— Geneviève Latour et Jean-Jacques Bricaire, *Meurtres en scène*, éditions de l'Amandier, 2002.

Arsène Lupin a également été jouée à l'étranger. À Londres tout d'abord, au Duke of York's Theatre en août 1909, produit par Charles Frohman, celui-là même qui avait produit en 1899 le *Sherlock Holmes d*e William Gillette et Conan Doyle. Le rôle de Sonia était tenu par Alexandra Carlisle, celui de Guerchard par Dennis Eadie et celui du duc de Charmerace par Gerald du Maurier, qui à l'instar d'André Brulé, avait déjà auparavant incarné sur scène le rôle de Raffles.

« Après avoir créé Raffles, il dut le ressusciter sans cesse sous d'autres noms : le public ne pouvait se résigner à le voir disparaître. On ne voulait pas entendre parler d'autre chose : d'où la création d'Arsène Lupin, autre gentleman-cambrioleur – duc, cette fois, et duc français par-dessus le marché – et de Jimmy Valentine, le forceur de coffres évadé de Sing-Sing » a écrit Daphné du Maurier, la fille de Gerald, dans *Gerald, a portrait*, l'ouvrage biographique qu'elle a consacré à son père.

Le texte de la pièce n'a pas été publié en Angleterre, mais il a été novelisé et publié par Mills & Boon en 1909, novelisation due à l'auteur policier anglais Edgar Jepson (1863-1938), à qui l'on doit une quinzaine de romans policiers (*The murder in Romney Marsh, The murder of Augustin Dench, The mystery of the myrtles, The four green fish,* etc...) qui n'ont pas bénéficié d'une traduction française. On ne connaît de lui en France que sa participation au roman collectif *L'Amiral flottant*, paru chez Gallimard, et une nouvelle co-écrite avec Robert Eustace, *L'Indice de la feuille de thé*. Mais aussi depuis 1995 cet *Arsène Lupin* publié chez Claude Lefrancq qui ajoute un titre supplémentaire à la saga lupinienne.

La pièce a été montée également à Broadway la même année, produite par le même Charles Frohman qui possédait des théâtres des deux côtés de l'Atlantique. La première eut lieu le 26 août au Lyceum Theatre, avec Doris Keane dans le rôle de Sonia, Sidney Herbert dans celui de Guerchard et William Courtenay dans celui de Carmerace. William Courtenay avait auparavant interprété à Broadway les rôles de Cyrano de Bergerac et de Beau Brummel et joué dans l'adaptation théâtrale de *Trilby,* le roman de George du Maurier (le père de Gerald). La pièce migra ensuite au Hudson Theatre où elle perdura pour un total de 144 représentations (selon *Internet Broadway Database*). Elle partira ensuite en tournée, tournée que détaillent Ahmed Khocht et Hervé Lechat dans leur article « Les représentations théâtrales » (*L'Aiguille preuve* n° 13), ainsi d'ailleurs que celle donnée en 1915-1916 par la troupe d'acteurs français dirigée par Lucien Bonheur dans le Nord-Est des États-Unis.

Mais Arsène Lupin n'a pas disparu des scènes américaines : le Gene Frankel Theatre a mis à son répertoire en 2015 *Arsène Lupin vs Sherlock Holmes,* la pièce de Darlay et De Gorsse, qui avait été traduite par Franck J. Morlock et publiée aux USA en 2005.

VICTOIRE

Victoire entre en scène au troisième acte de la pièce *Arsène Lupin*. Mais nous savons déjà qu'elle est la femme de charge de l'hôtel particulier des Gournay-Martin et qu'elle est soupçonnée d'être la complice des cambrioleurs qui ont dévalisé la maison. À la fin de cette scène II, Guerchard la fait arrêter et conduire au dépôt, mais dans la scène IV, nous apprenons que la voiture cellulaire qui l'a emmenée n'est pas celle que l'inspecteur avait commandée... Guerchard s'exclame : « Nous sommes roulés » et fait fouiller la chambre de Victoire où on trouve une photo sur laquelle elle tient un garçon par le cou.

On retrouve Victoire à l'acte suivant, dans la demeure du duc de Charmerace qui vient d'échapper de justesse à la traque des policiers de Guerchard. Victoire l'appelle « mon petit » et au fil de la conversation qu'elle a avec Lupin, on apprend qu'elle a connu sa mère, qu'à sept ans il était déjà « mauvais garçon, faiseur de niches et voleur », qu'elle réprouve sa vie de menteries et de cambrioles, mais qu'elle reste avec lui parce qu'elle l'aime trop et enfin qu'elle lui conseille de se marier : « Plus de poulettes d'un soir, une vraie femme... une femme pour la vie. »

C'est ainsi que Maurice Leblanc a campé un nouveau personnage de la mythologie lupinienne qu'il mettra en scène à plusieurs reprises. Dans *L'Aiguille creuse*, c'est en retrouvant la piste de Victoire dans une ferme non loin de la nationale Le Havre-Lille qu'Herlock Sholmès remontera jusqu'à Lupin. Et c'est au cours du duel final entre le gentleman-cambrioleur et le détective britannique que ce dernier nous révèlera : « Celle que tu fais passer pour ta mère, c'est Victoire, ta vieille complice, celle qui t'a élevé ». Dans *813*, Leblanc nous donne une description de la vieille nourrice : « La vieille dame avait une figure pâle et triste, sous ses cheveux blancs dont les bandeaux se terminaient par deux anglaises. Trop forte, de marche lourde, elle avait, malgré son âge et ses vêtements de dame, quelque chose d'un peu vulgaire, mais les yeux étaient infiniment bons. »

Mais Victoire s'appelle désormais madame Ernemont, car Arsène lui a amené une petite fille de 14 ans et lui en a confié la garde. Depuis quatre ans, Victoire a pris soin de Geneviève Ernemont à qui, dit-elle, « elle appartient toute entière » et qu'elle est prête à défendre contre les manigances de Lupin. Avant de comprendre que la jeune femme est la propre fille d'Arsène Lupin...

Victoire sera à nouveau complice de Lupin dans *Le Bouchon de cristal*, où, en raison de « son apparence respectable et de ses mœurs incorruptibles », il la place comme cuisinière chez le député Daubrecq afin de l'aider à retrouver l'objet qui donne son titre à l'ouvrage. Elle participera à la fouille du domicile de Daubrecq et logera Lupin dans sa chambre pendant la durée de leurs investigations.

Elle apparaît fugitivement dans le chapitre VIII de *La Demoiselle aux yeux verts*, où, en rentrant de courses, elle est contrainte de conduire le commissaire Marescal et ses hommes jusqu'au bureau où ils arrêteront un faux Raoul de Limézy. Et, plus brièvement encore, à la toute fin de *La Demeure mystérieuse* où Lupin lui présente Arlette Mazolle sur la péniche qui va les emmener, par les canaux et les rivières (Lupin, un précurseur de Georges Simenon ?) à la rencontre des plus beaux paysages de France, la retrouve enfin dans *Les Milliards d'Arsène Lupin* où elle lui apprend le décès d'Angélique, la maîtresse de Maffiano tuée par son amant jaloux, et l'avertit de la présence de Béchoux avant de confesser qu'elle a laissé entrer Patricia Johnston dans la pièce où le coffre-fort d'Horace Velmont a été ouvert. Son prénom est cité dans « Edith au cou de cygne », avec le nom de Sonia Krichnoff, mais la perquisition de Ganimard venu les arrêter avec Lupin, fera chou blanc : les oiseaux ne sont plus au nid !

Est-ce Victoire la vieille dame qu'Hortense Daniel rencontre sur les indications du prince Rénine dans l'église Saint-Etienne-du-Mont, qui reçoit Catherine Montessieux à l'épilogue de *La Barre-y-va* ou qui accueille chaleureusement Cora de Lerne à la fin du *Dernier Amour d'Arsène Lupin* ? Il y a tout lieu de le supposer.

ZOOLOGIE

Il est bon qu'un dictionnaire aille de la première à la dernière lettre de l'alphabet. Ce qui suffirait à justifier le présent article.

Pourtant, nous dit Jacques Derouard dans l'article « Pauvres animaux » de son *Monde d'Arsène Lupin* : « Ils sont très rares dans les aventures d'Arsène Lupin qui ne semble pas les avoir beaucoup aimés. »

Rares certes, mais pas inexistants...

Des espèces aussi courantes que le chat (une seule occurrence notable : celui avec qui Aurélie, la demoiselle aux yeux verts, s'entretient au couvent de Luz-Saint-Sauveur et qui se frotte à ses chevilles) ou le cheval (celui que monte le prince Serge Renine dans *Au sommet de la tour*), s'il n'est pas attelé à un véhicule à traction animale, sont ici très rares.

Le chien l'est beaucoup moins, mais son sort n'y est guère, la plupart du temps, très enviable, des molosses chargés de garder le château d'Ambrumésy retrouvés empoisonnés aux chiens-loups à demi-sauvages et d'une vigueur exceptionnelle disparus corps et biens lors de la traque d'une ombre (*L'Homme à la peau de bique*), en passant par le caniche agonisant, tête écrasée et ventre béant, le cabot de la Belle au bois dormant, dans *Les Milliards d'Arsène Lupin.*

Rares aussi les animaux sauvages comme les guillemots massacrés au début de *La Comtesse de Cagliostro...*

Le bestiaire lupinien ne s'en orne pas moins de deux espèces exotiques. La tigresse Saïda d'abord qu'Horace Velmont dompte du regard dans *Les Milliards d'Arsène Lupin* et qui mettra en déroute, aux coups de sifflets de sa maîtresse Patricia Johnston, tant les troupes de Béchoux que les gangsters de Maffiano.

Le singe anthropoïde de *L'Homme à la peau de bique* ensuite, dont il nous est dit qu'il appartenait à une espèce inconnue intermédiaire entre le singe et l'homme, proche du Pithécanthrope de Java, qui servait de domestique à ses maîtres australiens, M. et Mme Bragoff. Avec cet homme-singe doté de qualités proprement humaines, dont une passion immodérée pour l'eau-de-vie qui causera le drame, Maurice Leblanc rend un hommage explicite à Edgar Poe et à son orang-outang de Bornéo du *Double Assassinat dans la rue Morgue.*

Reste que dans *813,* Arsène Lupin adressait à M. Lenormand une lettre dans laquelle il déclarait : « je sors de la retraite où je vivais depuis quatre ans, entre mes livres et mon bon chien Sherlock. »

Galéjade ou vérité ?

revudézétud
lupiniennes.
19 69

Index

POURQUOI ADHERER A L'ODS

En plus de rassembler toute une « faune de l'espace » passionnée de littératures de l'imaginaire, science-fiction, fantastique, fantasy, etc et tant de chercheurs érudits des univers de l'étrange, l'ODS est une association active qui organise ou coordonne de nombreux événements dans les domaines qui nous intéressent.

C'est un fait que l'activité de publication de fanzines qui était son expression principale à ses débuts a dû être transférée vers notre maison d'édition, EODS, faute de lecteurs assidus dans un secteur qui s'est peu à peu reporté vers le web. Certaines revues ont disparu, d'autres sont nées à cette occasion. Force est de nous adapter au potentiel du lectorat d'aujourd'hui, et nous voilà au XXIe siècle ! Toutefois, tout en nous adaptant, nous tenons, à l'ODS, à préserver cette convivialité qui fut toujours la première motivation de notre existence associative. C'est pourquoi nous poursuivons avant tout l'organisation de rencontres, conférences, congrès, dîners thématiques et autres missions scientifiques autour des thèmes qui nous sont chers. Participer à ces nombreuses activités, les organiser ou permettre à certains invités de venir y présenter leurs travaux, voilà aujourd'hui la vocation de l'ODS. Ainsi, tout au long de l'année, vous êtes conviés à nous rejoindre lors de dîners informels, comme celui du Nouvel Eon en janvier, et toutes sortes de rencontres à thèmes intitulées « on the spot », selon le calendrier de la venue d'auteurs en région parisienne, ainsi qu'à des colloques de haute teneur dont ceux organisés à Rennes-le-Château (ARTBS) ou à Paris comme le Congrès Fortéen, les journées Heuvelmans ou Jacques Bergier, etc, mais aussi à nous rendre visite sur les stands des nombreuses conventions auxquels nous participons.

L'organisation de ces événements et la participation de l'association à ceux organisés par d'autres sont aujourd'hui devenus notre activité principale, car c'est ce qui fait vivre notre univers littéraire et préserve ce caractère unique qui nous plaît. Si certains supports de lecture disparaissent petit à petit au profit de medias plus modernes – du fanzine au webzine, des listes de discussions aux réseaux sociaux, etc. – il reste que nous sommes tous attachés aux livres originaux au format papier, non seulement à l'objet que l'on peut aujourd'hui commander en trois clics, mais surtout à ce qui va autour, c'est-à-dire les rencontres, les discussions, le partage et les possibles collaborations qui s'improvisent au gré des initiatives de nos membres les plus passionnés et, bien entendu, au plaisir de lire ! La participation de chacun à cette fourmillante activité littéraire et autour de la littérature se coordonne le plus simplement possible par le moyen de notre association, et c'est la raison d'être de l'ODS. En y adhérant, et surtout en participant par votre présence et votre concours à ces rencontres, ainsi qu'à la naissance et la réalisation de nouveaux projets, vous nous aidez à prolonger la vie de notre multivers littéraire. Bienvenue à tous et merci pour votre présence !

Emmanuel Thibault, membre du Conseil de AODS.

LES ÉDITIONS DE L'ŒIL DU SPHINX

SARL au capital de 15.245 €
R.C.S. Paris B 432 025 864 (2000 B11249)

36-42 rue de la Villette
75019 PARIS
FRANCE

Mail ods@oeildusphinx.com
http://www.œildusphinx.com
http://boutique.oeilduphinx.com

Tél 09.75.32.33.55
Fax 01.42.01.05.38

Toutes nos parutions sont sur :
http://boutique.oeildusphinx.com

www.ingramcontent.com/pod-product-compliance
Lightning Source LLC
Chambersburg PA
CBHW071405150726
48000CB00001B/169